DINÁMICAS FAMILIARES
A TRAVÉS DE LA VIDA DE JOSÉ

MARCEL PONTÓN

DINÁMICAS FAMILIARES
A TRAVÉS DE LA VIDA DE JOSÉ

LA TÚNICA DEL PADRE

editorial clie

EDITORIAL CLIE
C/ Ferrocarril, 8
08232 VILADECAVALLS
(Barcelona) ESPAÑA
E-mail: clie@clie.es
http://www.clie.es

Dinámicas familiares a través de la vida de José. La túnica del Padre
ISBN: 978-84-9446-261-0
Depósito Legal: B10431-2016
Psicología
Personalidad
Referencia: 224972

A mi bella familia, mi familia de origen,
mi familia extendida y a la familia de Dios.

Nota Biográfica

El Dr. Marcel Pontón es un neuropsicólogo clínico y Profesor Clínico Asociado en el Departamento de Psiquiatría de la Universidad de California Los Ángeles. Además, es profesor de Consejería Pastoral en el Seminario Teológico Fuller. Su práctica clínica se especializa en la evaluación y tratamiento del trauma. Él es un autor, blogger y orador internacional. El Dr. Pontón y su esposa Sylvia viven en el área de Los Ángeles, California.

Contacto
Adquiera la guía de estudio para La Túnica del Padre gratis, descargándola de marcelponton.com

Lea el blog semanal *Ideas que transforman* en marcelponton.com

Sígalo en Twitter:
@marcelponton

Índice general

Abreviaturas

BJL: Biblia de Jerusalén Latinoamericana (2007).

DHH: Dios Habla Hoy, La Biblia, version popular (1979).

LBLA: La Biblia de las Américas (1998).

LBLP: La Biblia de Nuestro Pueblo (2006).

NBLH: Nueva Biblia Latinoamericana de Hoy (2005).

NVI: Nueva Versión Internacional (1979).

RVA: Reina Valera Actualizada (1965).

RVR: Reina Valera Revisada (1960).

Prólogo

En 1987, cuando aún era estudiante, asistí a una conferencia de liderazgo que tuvo lugar en la ciudad de Washington, D.C. Allí tuve el privilegio de conocer al Dr. Samuel Escobar que dialogó personalmente con nosotros. De todo lo que nos dijo, nunca se me olvida su experiencia sobre hermenéutica dentro del contexto latinoamericano. Nos contaba el Dr. Escobar que en su curiosidad por saber cómo la gente entendía el evangelio, él había tomado un versículo de San Juan, para dialogar con distintas iglesias. Su texto era:

> *Porque a los pobres siempre los tenéis con vosotros, pero a mí, no siempre me téndréis* (Juan 12:8).

Como estaba interesado en escuchar las perspectivas de distintos grupos, el Dr. Escobar les preguntó a los congregantes de una iglesia de clase media alta en la ciudad de Lima, Perú, qué fue lo que Jesús quiso decir con este pasaje. Ellos le respondieron de un modo teórico, citando que por razones sociopolíticas y por asuntos de habilidad, iniciativa y oportunidades, la pobreza siempre sería una realidad de toda sociedad habida y por haber. Luego el Dr. Escobar le hizo la misma pregunta a una iglesia ubicada en un sector marginal de la capital peruana. Allí se levantó una señora de pelo blanco para responder inequívocamente y con denuedo: «¡Jesús quiso decir que siempre habrá explotadores!».

Abordaje sobre la vida de José

El asunto no puede ser más claro: Nuestra experiencia de vida, nuestro contexto y nuestra comunidad (en el sentido amplio de la palabra), definen las preguntas y respuestas que hacemos desde la Biblia y que encontramos en ella (Osborne, 2006). Por su puesto, este es un punto ineludible en mi abordaje a la historia de José (Génesis 37-50). Yo vengo al texto con mi experiencia clínica como neuropsicólogo y teólogo al igual que con mi entendimiento limitado tanto del texto mismo como de la conducta humana. Pero debo ser claro: es a través de ese prisma de integración (teología-psicología) y de diálogo cultural (un latinoamericano educado en Norteamérica) que vamos a leer juntos la historia de José, un inmigrante indocumentado que cambió la historia del imperio más poderoso de su tiempo.

En este sentido traigo a mi labor hermenéutica un modelo relacional. Mi esperanza es no sólo traer mi prisma psicológico a la palabra de Dios con el fin de identificar las dinámicas de la familia extendida de José, sino también es examinar ese modelo relacional y patrones de conducta o dinámicas conductuales a la luz de la Escritura. De manera que no me rijo austeramente por un interés de moldear los personajes bíblicos y su experiencia de vida a mis patrones pre-concebidos. Espero también confrontar los mismos con la Escritura, y su mensaje de salvación.

Mientras que este estudio no pretende ser ni un comentario exegético, ni un manual devocional, ambos elementos estarán presentes en nuestra lectura del texto al desglosar los ricos principios que Génesis nos comunica a través de la vida de José. Tampoco prentendo ser único en mi abordaje psicológico de la familia de José (cf. por ejemplo, el trabajo de Wallace, 2001). En efecto, yo dedico todo un volúmen a las distintas interpretaciones de la vida de José.

Estructura del libro

Este esfuerzo nació de una invitación que tuve para hablar sobre liderazgo. Mientras me preparaba en las altas horas de la noche, tuve una epifanía: La vida de José tiene varias etapas y éstas se definen por las túnicas que vistió. De manera que la túnica de muchos colores (que yo denomino la túnica del padre) nos habla de la impronta que deja en todos nosotros nuestra familia de origen. Ella representa todas las dinámicas con la que nuestra familia funciona (o «disfunciona» si se prefiere), mientras que la túnica del trabajo es el signo de la actividad laboral en un contexto ajeno, es el esfuerzo que representa sufrimiento por una parte, y madurez y crecimiento por otra. Esta es la túnica de nuestra preparación para lograr nuestros sueños. La túnica de Lino Fino, por último, es la túnica que refleja nuestro potencial pleno, hacia el cual fuimos llamados.

Este libro se enfoca en la primera parte de la historia de José: la túnica multicolor, o *la Túnica del Padre*. El segundo libro abarcará la Túnica del Trabajo (túnica de Potifar y del Carcelero), y el tercer libro cubrirá la Túnica de Lino Fino. Un cuarto tomo, La Túnica del Legado –*Interpretaciones de la Vida de José*–, presenta un análisis detallado de la historia de la interpretación de José en las tradiciones cristianas, judías y muslumanas. Ese tomo está diseñado para estudiantes y pastores, mientras que *Las Túnicas* son para la lectura de todos.

En este primer libro nos centraremos en las dinámicas familiares que se manifiestan universalmente. Los primeros capítulos desglosarán el asunto de las dinámicas familiares, basado en el trabajo de Friedman (1986). Los siguientes capítulos buscarán aplicación a la vida real desde una perspectiva conductual. Específicamente, el capítulo 2 discute los principios de la túnica familiar. El capítulo 3 habla sobre la falta de respeto a los límites de la sexualidad en la familia de José, mientras que el cuarto capítulo discute el tema perenne de esta familia: el engaño. El quinto capítulo aborda el tema del favoritismo y la rivalidad entre hermanos, y el sexto capítulo termina con la discusión de las dinámicas patológicas de la casa de Jacob, hablando sobre la Triangulación y los Secretos. El séptimo capítulo aborda la discusión de las dinámicas espirituales en la familia extendida y en la vida de José. Como todos estos aspectos tienen una aplicación personal, el útlimo capítulo explora la noción de llamada en nuestras vidas como un proceso de las distintas túnicas. Una guía de estudios acompaña a este libro con aplicaciones específicas y ejercicios basados en los principios expuestos.

Agradecimientos

Al compartir este material de una manera u otra con mis estudiantes en el Seminario de Fuller, o en seminarios de Liderazgo que he dictado en distintos países, o incluso con mis pacientes en mi práctica privada, he vislumbrado la aplicación universal de los principios en la vida de José a través de barreras culturales y lingüísticas. Muchos me han pedido poner por escrito lo que siempre resulta mucho más fácil transmitir oralmente. Mi pensamiento sobre el tema ha evolucionado a través del tiempo, como así me lo dijo uno de mis antiguos estudiantes que vino a tomar la misma clase en Fuller, pero esta vez como oyente con su esposa. «Todo el material es distinto», dijo el estudiante al evaluar la clase, «incluso José ha cambiado». Esto refleja la perspectiva que Dios me ha dado después de innumerables lecturas del texto. Mi memoria más grata es la de dar vueltas alrededor del Rose Bowl en Pasadena escuchando el libro del Génesis en una versión dramatizada. Cada vez que terminaba de escucharlo podía discernir un elemento nuevo con perspicacia espiritual nada propia. Como resultado, lo que iba a ser un pequeño libro se ha expandido a cuatro volúmenes. Por esto doy gracias infinitas a Dios.

Hay muchas personas a las que agradecer por su ayuda con este esfuerzo. Primeramente al Dr. Eduardo Font por sus comentarios y ayuda con mi prosa castellana oxidada. También le debo gratitud a Jorge Maldonado por indicarme la importancia del trabajo de Friedman y de los procesos de las familias. Estoy por igual endeudado con mis estudiantes y colegas en los múltiples contextos en que he compartido este material, y con sus comentarios que ampliaron mi comprensión del tema. A mi esposa e hijos agradezco su paciencia y tenacidad en preguntarme: «¿Cuándo sale el libro?». Espero que esta sea la respuesta inicial. A mi amado padre, que en paz descanse, por inculcarme el gusto e inquietud insaciables de aprender. Finalmente mi gratitud al Rev. Ismael Martín del Campo por su invitación original a compartir sobre la vida de José y por su entusiasmo con el uso de este material en el ministerio pastoral.

Finalmente, quiero dar gracias a las ideas y sugerencias técnicas de Vladimir Lugo (vladimirlugo.com), que me ha motivado a ser un mejor escritor.

Altadena, Califronia
Diciembre del 2015

Recomendaciones

Desde sus inicios judíos, la hermenéutica bíblica no tiene otra meta que *actualizar* el mensaje de la Palabra de Dios desde la situación originaria del autor sagrado a la situación del lector creyente que se enfrenta al texto no sólo con ánimo histórico o filológico, sino con la intención de aprovechar para su vida y su existencia toda la riqueza espiritual del texto.

En su doble cualidad de neuropsicólogo y teólogo, el Dr. Marcel Pontón realiza una magnífica *actualización* hermenéutica, de modo que el lector moderno puede extraer de una vieja y aparentemente consabida historia, un manojo de principios y realidades novedosas *relacionadas* con su vida presente, en cuanto hijo, padre, hermano o miembro de una familia, en definitiva, y de una saga de emigrantes, próximos o lejanos. Una obra original e imprescindible para entender y practicar la dinámica familiar, comenzando por uno mismo, desde el sólido fundamento de la Escritura, a partir de la cual Dios nos llama a realizar nuestra *vocación*, o en términos modernos, a dar sentido a nuestra vida.

Alfonso Ropero. Ph. D.
Escritor y teólogo
Director Editorial de Editorial CLIE

Le doy la más grata y cordial de las bienvenidas, al nuevo libro del amigo y colega, Dr. Marcel Pontón, *La túnica del padre*. Se trata de una obra que une elocuentemente, la exégesis y la sicología, y genera una serie importante de implicaciones, entre otros temas, para la salud mental, el desarrollo de liderato y la pastoral responsable. Proviene de un académico experimentado, que tiene la capacidad de unir sus reflexiones teológicas, devocionales y exegéticas, con su vasta experiencia como consejero clínico y profesor de sicología. En efecto, este libro es singular, pues proviene de un profesional latinoamericano, que vive

en los Estados Unidos, y une su experiencia como neuro-sicólogo, con una exégesis sobria, grata, inteligente, sabia y pastoral.
¡Enhorabuena!

Dr. Samuel Pagán
Decano de programas hispanos
Centro de Estudios Bíblicos en Jerusalén
Jerusalén y Lakeland

La Túnica del padre nos invita a pasar de lector de una historia, conocida para muchos, a ser protagonistas de nuestra propia historia y provoca a una reflexión personal y descubrimiento de cosas no conocidas en uno mismo como en lo familiar y social y nos invita a vivir mejor.

El Dr. Marcel Pontón, en La Túnica del padre nos permite navegar dentro del mundo de la narrativa bíblica desde un punto mixto de historia, reflexión teológica, psicológica, de teoría de sistemas y sentido común. El libro puede ser leído desde cada uno de esos puntos, pero lo más relevante es que invita al lector a ponerse en el lugar de cada uno de los roles demostrados. El autor nos compele a tomar decisiones que pueden cambiar el curso de la vida al cambiar nuestras actitudes, y deseos, desafiando nuestros valores personales para modificar nuestro comportamiento y estar así más alineados a lo que Dios desea para nosotros. Un libro para quien desea aprender a vivir mejor.

Dr. Carlos A Raimundo Director:
Active Learning International
(Psiquiatra argentino. Una eminencia
en el mundo de las relaciones personales)

El liderazgo es fácil, hasta que incluye personas. Las personas tenemos familias, empleos, historias de traición, oportunidades sorpresivas, temores y un llamado de Dios que vamos descubriendo mientras experimentamos un sin número de emociones . Y así es la historia de José. Un personaje bíblico que, como bien destaca este libro, es un inmigrante indocumentado que llega a cambiar la historia de un imperio. En estas páginas Marcel Pontón nos acompaña por la vida de José descubriendo lecciones y principios que saltan del texto hacia nuestro contexto para ayudarnos a ser mejores líderes y, también, personas que le facilitamos la tarea a Dios de liderarnos. ¡Gracias por este estudio, Marcel!

Dr. Lucas Leys
Presidente de Especialidades Juveniles.
Autor y conferenciante internacional

El padre moderno se encuentra en el dilema entre el conocimiento de la ciencia moderna y la sabiduría del uso propio de ese conocimiento en su vida y en la de su familia. El vasto conocimiento habido en estos tiempos requiere gran sabiduría sobre el uso propio de ello evitando así el peligro que nuestros pierdan su independencia mental y sus valores bíblicos y hogareños. En la *Túnica de José*, el doctor Pontón hábilmente presenta el modelo relacional y el patrón de las dinámicas de la conducta familiar contestando así las preguntas básicas: ¿Qué es lo mas importante en la vida y porqué? ¿Que es el bien y el mal? ¿Qué es lo verdadero y lo falso? ¿Y que del bien inmediato y el bien duradero? delineando un sistema de valores bíblicos dentro el contexto eterno. Por ende, la fidelidad al llamado paterno, como la del personaje bíblico José. es la respuesta mas sanadora a los males modernos.

Dr. Jesse Miranda,
Presidente
Jesse Miranda Center for Hispanic Leadership

«Lo terminé de leer con un nudo en mi garganta.
La erudición bíblica, del Dr. Marcel Pontón en "La Túnica del Padre", mezclada con su perspectiva como un profesional de la psicología hacen de este libro extraordinario, un manual de vida familiar formidable.
El lector, al finalizar esta obra, tendrá mayor misericordia por los demás, por sus cercanos y por él o ella mismos. Gracias Dr. Pontón».

Dr. Alberto H. Mottesi
Evangelistic Association, Inc

Capítulo 1
Las familias

–Fredo, tú eres mi hermano mayor y yo te quiero. Pero jamás vuelvas a tomar una posición en contra de la familia.

Michael Corleone, *El Padrino*

¿Qué posición has tomad tú en relación a tu familia? Si es que es una posición de respeto o rebeldía, de continuidad o cambio, de cercanía o lejanía, de cariño o conflicto sólo tú lo sabes. Lo que todos sabemos es que nuestras familias demandan que tomemos una posición en relación a la misma, a pesar de la clase de familia a la que pertenezcamos. En el caso de la familia Corleone, el icono fictivo de la *Cosa Nostra* inmortalizado por las actuaciones de Marlon Brando (*Vito Corleone*) y Al Pacino (*Michael Corleone*) en la primera película de El Padrino (Coppola, 197), el lugar de cada miembro es rígido y la autoridad jerárquica se mantiene con violencia. Por lo tanto, cada miembro debe encontrar su lugar o posición acatando lo que el patriarca de la familia disponga para ellos. Este guión de una figura patriarcal autoritaria ha permeado la experiencia de muchas familias en el mundo hispanoparlante (Guttman, 1997). La rigidez en los roles de los miembros y el autoritarismo también pueden estar presente en familias matriarcales (Smith, 1996; Pinto & Coltrane, 2013), e inclusive en las familias con devoción a la madre por el tal llamado *Marianismo* (Puello Scarpati, Silva Pertuz, & Silva Silva, 2014; Asencio, 2015). Lo cierto es que todas las familias tienen una estructura de liderazgo para funcionar.

En la clase que dicto sobre *Familia Hispana e Identidad Cultural* en el SeminarioTeológico Fuller, uno de los requisitos es ver una película y analizar las dinámicas familiares que se presentan. Cuando volví a ver *El Padrino*, se me hizo claro que es difícil entender la conducta de un miembro dentro de la familia Corleone, sin entender las dinámicas que gobiernan a toda la familia. La conducta de los Corleone se guía por las expectativas de la familia extendida. Tratándose de una familia de la mafia, las relaciones están llenas de tragedia, muerte, engaño, intriga, violencia y tensión por causa de «los negocios». A veces todos estos elementos se hacen presentes en un solo acto o se manifiestan secuencialmente en las vidas de los protagonistas. Por ende, las muertes son comunes en la casa de los Corleone. Cuando muere el hijo mayor (Santino), y luego el patriarca (Vito), Michael, el hijo menor, asciende al rol de Padrino. Las expectativas autoritarias de lealtad van a encauzar los roles de cada miembro en la familia inmediata con el nuevo Padrino, y nadie puede salirse de su papel, sin pagar un precio. Al igual que su padre, el nuevo Padrino, Michael, tiene que salvaguardar los intereses y lealtades de la Familia aun a costa de las relaciones de parentesco. «Nada es personal, todo es negocio», parece ser el valor principal que rige las dinámicas relacionales y el destino de sus miembros. Al llegar a Las Vegas en un viaje de negocios, Michael se encuentra con Fredo, su hermano mayor que estaba «aprendiendo» el negocio de los casinos con otro gánster, Moe Greene. Cuando Michael le hace una oferta a Moe Greene para comprarle su casino, Moe se enfurece, y Fredo sale en su defensa, como haciéndole entender a Michael la importancia y la talla criminal del susodicho Moe Greene. Michael se enfrenta a su hermano mayor, con un regaño y amenazas simultáneas que predicen el escalofriante desenlace de su relación en el futuro, puesto que Fredo acababa de violar el código de lealtad a la familia. «…Jamás vuelvas a tomar una posición en contra de la familia». El papel autoritario de un hermano menor en un mundo patriarcal es atípico, y sólo tiene sentido dentro de las dinámicas familiares que gobiernan a los Corleone. Lo mismo ocurre en nuestras familias. Para entender la conducta de un miembro, tenemos que pensar en los patrones y valores que comandan a toda la familia.

Identificamos entonces en la historia ficticia de los Corleone, o si bien se quiere, en esta parábola de la realidad familiar, que todas las familias tienen valores que rigen sus decisiones y la calidad de las relaciones entre sus miembros. Para los Corleone, eso era el compromiso con «los negocios» de la familia. Para la familia de mi padre, era el compromiso con los estudios. Para la familia de José en el libro del Génesis era el compromiso con la promesa de Dios. Todas las familias tienen expectativas de lealtad y de apoyo a sus valores e intereses. Por lo tanto, es de la violación de esas expectativas de donde surgen los mayores conflictos, divisiones y heridas emocionales en las familias. Esto ocurre en los Corleone cuando Fredo traiciona a Michael en Cuba, y ocurre en la familia Bíblica de José, el personaje bíblico de nuestro libro, cuando sus hermanos lo venden como esclavo a traficantes de personas. Tú y yo podemos identificar las heridas en nuestras familias por asuntos de engaño o deserción.

Todas las familias tienen un miembro que es la «oveja negra» o la persona que no funciona igual que los demás, ya sea por sus intereses o actitudes. Ese era el caso de Fredo Corleone, que no funcionaba a la par de sus hermanos. En la familia de mi madre estaba el pintoresco tío Juan que era poeta, bohemio, viajante y picaflor sin tiempo para nimiedades del trabajo, que vivía con la seguridad inamovible de «ancha es Castilla».

Todas las familias necesitan continuidad y estabilidad en momentos de transición. Cuando muere su padre Vito, Michael tiene que ponerse al frente de la empresa familiar, para salvaguardar sus intereses. Así es con las «empresas» de nuestras familias. Cuando mi abuelo envejeció y luego murió, mi tío Pepe tomó el negocio de la familia en el centro de la ciudad. Cuando el pastor de mi iglesia falleció, su hijo, mi pastor, tomó las riendas y la dirección de la iglesia.

Esta parábola de la familia Corleone (http://www.thegodfather-trilogy.com/family.html), entonces, nos sirve para ver en sus colores exagerados, matices de las dinámicas que afectan a todas nuestras familias. No es que todas las familias sigan el de Mario Puzzo (1969, autor de la novela *El Padrino*), sino que todas las familias expresan uno de esos elementos de disfuncionalidad a través de las generaciones en distintos grados. Y esto les ocurre no sólo a las familias noveladas, o a nuestras familias, sino también a las familias de la Biblia, como lo veremos a través de los siguientes capítulos. La disfuncionalidad familiar no tiene respeto por ninguna barrera de pretensión.

Es decir, que hay algo universal en la experiencia humana que tiene su génesis en la familia y que se transmite a través de las generaciones. No es coincidencia que la historia de los Corleone empiece en la primera película con una boda, porque es en los matrimonios donde las dinámicas de todas las familias salen a flote y donde los conflictos relacionales fluyen efervescentes a pesar de todos los intentos por aplacarlos. Es en las bodas donde aparecen el tío borracho, la prima liberal, el padre perdido o la esposa infiel, y el familiar fracasado del que no habíamos hablado a nadie, porque además de vestirse a la par de sus horribles modales, se expresa con un lenguaje de malandrín, que promueve la plegaria apocalíptica: ¡Trágame tierra! En las bodas también están los familiares de caras largas, inmensamente insatisfechos y desilusionados con la decisión de la pareja que hicieran el novio o la novia. Y en algunos casos hasta aparecen los amores imposibles que nunca fueron, pero que tampoco dejaron de ser. Los problemas económicos por los gastos de la boda y las apariencias que hay que mantener para impresionar a las mismas personas de siempre son también un elemento con el que deben lidiar las familias. Pero las bodas también son momentos de gran afirmación para los novios y representan una sanción formal y comunal de su unión. Cuando son religiosas, las bodas también incluyen un elemento espiritual de tradición y bendición para el nuevo hogar. En efecto, es un nuevo hogar y una nueva familia la que está empezando con esa boda. Por lo tanto, las bodas también sacan a relucir lo mejor de la familia: los valores, los mejores sentimientos, el apoyo material y emocional de los parientes, el mejor esfuerzo para que sea un día inolvidable. Cuando se publique este libro, mi familia inmediata ya habrá pasado por la primera boda cuando se case mi hijo con su prometida. Revisando la lista de invitados somos conscientes de todas las dinámicas que pueden manifestarse. Pero no podemos, ni vamos a controlarlo. Así son las familias y aceptamos a sus miembros como son. Mis plegarias durante la boda se las contaré en el segundo libro.

Esta universalidad de la experiencia familiar viene porque a pesar de su constitución, las familias transitan por ciclos vitales y predecibles, al igual que los seres humanos. Una persona va a pasar por la niñez, pubescencia, adolescencia, adultez, edad media y tercera edad sea que viva en Suiza o en Saipán; sea que viva en el siglo xxi antes o después de Cristo. Esta serie de etapas son inexorables. Por igual, una familia va a pasar por su ciclo vital que incluye las bodas, la familia sin hijos, los nacimientos, la etapa escolar, el nido vacío, la vejez y los funerales. Claro que hay varias clasificaciones acerca del ciclo vital de la familia, y hay mucha diversidad en cuanto a la secuencia de ese ciclo (Friedman, 1996; McGoldrick, Carter & Garcia Preto, 2015). Pero para propósitos de este capítulo, yo sigo de manera liberal el ciclo propuesto por Falicov, 1998[1]). De ese ciclo vital y de esas etapas de la familia, surgen las generaciones, y con ellas los valores aprendidos las dinámicas familiares que acompañan. De nuevo, usando la parábola cinematográfica de los Corleone, hay

---

1. Falicov, C. J. (1998), *Latino Families in Therapy: A Guide to Multicultural Practice*, Guilford Press, New York. En su discusión sobre el ciclo de la familia, Falicov postula primero el ciclo vital de la siguiente manera: los nacimientos o la familia con hijos pequeños; luego habla de la familia en la etapa escolar de los hijos, las familias con adolescentes, la soltería de la edad adulta, noviazgo y matrimonio, nido lleno y vacío, senescencia y muertes.

problemas que empiezan en una generación y se manifiestan en la siguiente. Vito Corleone huye de Sicilia a Nueva York porque lo querían matar[2], y Michael Corleone huye de Nueva York a Sicilia por iguales razones. El primogénito de Vito, Santino (o Sonny), es asesinado a balazos por enemigos de la familia y la hija de Michael (la perla de sus ojos, Mary Corleone), muere de un disparo fatal por enemigos de Michael[3]. Michael opta por su propia carrera en la Mafia, a pesar de las protestas de su padre Vito, y el hijo de Michael, Anthony, opta por una carrera en la ópera en vez de la abogacía en contra de los deseos de su padre. Vito Corleone pierde la mujer más importante en su niñez, su madre, en un contexto de violencia. Mientras que Michael pierde a su primera esposa (Appolonia) y a su hija a causa de la violencia. El lector podrá encontrar muchos más elementos que se reproducen en cada generación de esa familia ficticia (como lo han hecho algunos otros autores; v.g., Parikh, 2014; Karademir & Karademir, 2015; Rieber & Kelly, 2014; Santopietro, 2012), pero el punto es que sean artificios literarios (v.g., las naranjas como signos de muerte en varias generaciones de los Corleones), o patrones de conducta (ira, impulsividad, deslealtad, etc.). Los mismos problemas aparecen repetidos de generación en generación.

Analizando este concepto, me di cuenta que esas dificultades no son particulares a un tipo de familia y que no se limitan a una sola saga real o ficticia. En estos días pude ver la película o el capítulo VII de la saga *Star Wars* (*The Force Awakens*), donde los problemas de identidad que sufrieron los personajes en los capítulos IV-VI reaparecen en esta nueva generación. Los mismos conflictos de violencia entre hijos y padres de las generaciones anteriores (Sky Walker y Darth Vader) están también presentes en la nueva generación (Kylo Ren y Han Solo). Si alguien ha tenido el placer inmenso de leer la historia de la familia Buendía, magistralmente descrita por Gabriel García Márquez (1986) en su opus magnum, *Cien Años de Soledad*, puede descubrir en pocas páginas que los problemas de esa familia se repiten en las generaciones posteriores, al igual que los nombres de los personajes. Desde Úrsula Iguarán, que siempre anda sola, hasta José Arcadio hijo, Amaranta, y Aureliano Buendía, todos cumplen su compromiso con la soledad deshumanizante. Los problemas de las relaciones y las pasiones desordenadas afectan de manera infalible a cada generación Buendía. En el mundo real, la familia de Los Kennedy, por ejemplo, demuestra que el

---

2. *El Padrino,* Parte II.
3. *El Padrino,* Parte III.

patrón de infidelidad y de escándalos sobre relaciones ilícitas estaban presentes en la generación del patriarca Joe Kennedy (Nasaw, 2012), en la de sus hijos, que incluía a John, Bob, y Ted Kennedy (Dallek, 200); English & Canellos, 2009), y en la de sus nietos (v.g., Joe Kennedy, hijo de Robert). Maier (2003) ha hecho un estudio de cinco generaciones de los Kennedy donde estos patrones de conducta se hacen patentes. Yo puedo divisar patrones en la vida de mi familia extendida que se han manifestado a través de generaciones, al igual que el lector estará pensando sobre su familia al repasar estas páginas.

Lo mismo ocurre en la vida de José, el personaje bíblico que estudiaremos en este libro. En la Biblia, en general, y en la historia de la familia de José en específico, vamos a descubrir problemas relacionales, traiciones, engaño, explotación y otros asuntos que son comunes a los problemas de todas las familias. Claro que estos problemas no los vamos a encontrar en una sola generación, y que para entender por qué abunda la disfuncionalidad en la familia de José, tendremos que estudiar todo el sistema y a todas las generaciones. Los siguientes capítulos abordarán este tema en detalle.

Antes de seguir, debo dejar claro que el mensaje de la Biblia no lo estoy equiparando con el de las películas o el de las familias noveladas. Por supuesto que no. Pero sí estoy postulando en este tratado que, al explorar la conducta y la naturaleza humanas, la Biblia en general, y la historia de José en particular, nos presentan conceptos universales accesibles a través de nuestra experiencia personal, tal como pasa en la imaginación literaria o cinematográfica.

Pero nunca debemos olvidar que la Biblia es también una obra literaria, y que a través de sus páginas las historias que nos presenta capturan nuestra imaginación por su belleza y artesanía literaria. Este es el punto que hiciera de manera sucinta pero brillante la autora Ruchama King Feuerman (2015) en un artículo reciente[4]. Siendo ella una

---

4. King Feuerman, R. (2015), What the Bible has to teach us about writing fiction: Books & Culture: A Christian Review 26 (6) p. 5. En ese artículo, King Fuerman da su opinión acerca de cómo escribir libros de ficción y recalca los siguientes puntos:

• Empieza con una explosión, termina con una explosión y si debes aburrir al lector, hazlo en el medio.

• Haz un hechizo usando lenguaje musical.

• Deja libres a tus personajes. En otras palabras, la Biblia valiente y resueltamente expone los pecados de sus héroes al igual que sus fallas.

• Deja que los personajes hablen en un diálogo amplio y en voz alta.

• No te olvides de la comida, usa los sentidos.

escritora judía observante, relata su entendimiento literario de la Biblia hebrea de la siguiente manera:

> Todos saben que los grandes vendedores cuentan historias fabulosas. El autor de la Biblia tuvo un trabajo difícil. Él tenía que venderle a un grupo de gente terca y de dura cerviz muchas leyes difíciles. ¿Acaso empezó diciendo: Manténganse kosher. Observen el Sábado. No tengan sexo con quien les dé la gana. Den una décima parte de su dinero a los pobres? Claro que no. Él empezó con historias poderosas... En medio de las historias, el autor metió esas leyes exigentes.

La historia de José tiene un mensaje poderoso para nuestras vidas porque no nos habla sólo de la experiencia individual, sino de la experiencia familiar como la cuna de nuestro o conductual, con toda su patología. No hay ningún héroe perfecto en esta historia. Todas las acciones y motivaciones de los personajes con sus errores son presentadas sin excusas. Estos detalles merecen ser resaltados, porque en las páginas siguientes nos vamos a encontrar con los hechos que acontecen en la familia de José, hechos que semejan más lo que ocurre en la familia Corleone que lo que esperamos de una «familia bíblica». La realidad de las actitudes, motivaciones, emociones y pasiones de los protagonistas se asemejan a las nuestras, y de allí viene su poder.

Contexto de la familia de José

Pero, ¿podemos acaso entender a la familia de José, descrita en el libro del Génesis, desde nuestra perspectiva del siglo XXI, como si estuviésemos analizando una novela o una película? ¿Tiene el mensaje de las sagradas escrituras un significado más profundo, una verdad más transformadora, un papel más noble, un horizonte más alto al que transportarnos que la de concientizarnos sobre la conducta familiar? Sabemos que el objeto de la interpretación de las Escrituras (conocido como *hermenéutica*), es el de entender el significado original del texto para el auditorio inicial del autor. Esa sería la elusiva interpretación objetiva del texto. Sin embargo, el lector de hoy no puede estudiar el texto bíblico desde la perspectiva antigua sin leer en el pasaje perspectivas modernas, puesto que cada comunidad provee tradiciones que guían la manera en que el lector entiende el texto y de allí obtiene el significado del mismo. Esto implica que «...pueden existir significados múltiples de un texto, cada uno válido para una perspectiva de lectura o para una comunidad» (Osborne, 2006, p. 24).

Este es el esfuerzo constante de la hermenéutica. Sí, hay un mensaje mayor, más profundo, más espiritual, más solemne. Pero no es UN solo mensaje estático. Es dinámico y relevante a cada lector o comunidad. Claro que, mientras más conocemos acerca de las expresiones literarias del Israel, al igual que de la historia y del contexto social del mundo hebreo, más amplio se nos hace el significado del texto (Gillis, 1991; Hinson, 1992; Archer, 1994; Steck, 1998; Drane, 2000; Matthews & Moyer, 2012). Ese trasfondo incluye también la geografía, que tiene un papel protagónico en la vida política, comercial y cultural de la región (Pagán, 1995). Para efectos de este libro estaremos abordando el texto bifocalmente: con un lente exegético en el contexto del mundo antiguo y un lente conductual que explora la relevancia de los personajes y su historia para nuestro tiempo. El lector interesado en asuntos de interpretación puede consultar el trabajo de Jaramillo (2012) al respecto.

Para abordar la vida de José en este libro y el tema de la túnica que él recibe, La Túnica del Padre, nos es menester entonces entender el contexto de su familia. En los capítulos siguientes (del 3 al 7) proveo un análisis de las dinámicas y conductas que se manifiestan a nivel generacional en la familia de José. Sin embargo, a nivel de trasfondo, nos interesa saber cómo eran las familias típicas del medio oriente antiguo y cuáles eran las costumbres que moldeaban a cada familia dada su estructura y expectativas de conducta. Esto requiere que ahondemos en una descripción de la familia como unidad social en el Antiguo Medio Oriente.

La familia en el tiempo de José

A nivel sociológico, las familias del Medio Oriente Antiguo en que vivió nuestro personaje bíblico José eran patriarcales. El esposo tenía autoridad completa sobre su esposa. La palabra hebrea para esposo (ba'al), significa amo y dueño del hogar. También describe el acto de casarse o el estado civil de un hombre. Como lo explica Blair (2014):

> El sujeto y las formas del verbo asociado (bā'al, «poseer») revelan la cultura patriarcal del Antiguo Medio Oriente, donde el esposo tenía autoridad completa sobre su esposa, y el matrimonio era típicamente un arreglo entre el futuro esposo y el padre de la novia (Dt

22:13-30). A pesar de lo desagradable del concepto de «propiedad» a las sensibilidades modernas, en el mundo antiguo, la estructura familiar era el principal medio de protección y sustento para una mujer, que se evidencia por la necesidad de una estipulación legal de cuidar de las mujeres que quedan fuera de la estructura familiar (Ex 22:22; Dt 14:29; 22:13-19) o que son amenazadas con ser puestas fuera de la estructura familiar (Dt 22:29).

Cuando leemos en la historia de José sobre Abraham, Isaac y Jacob y la relación de cada patriarca con sus mujeres, se nos hace más fácil entender sus acciones conociendo los guiones culturales que las guiaban.

Westermann (1996) en su amplio comentario sobre el Génesis, presenta un relato elaborado acerca de los patriarcas y sus instituciones sociales, con la familia como elemento principal. Para Westermann, la sociedad patriarcal es pre-política y por lo tanto no puede ser entendida o juzgada desde la perspectiva de la familia que funciona en sociedades que ya están estructuradas a nivel político. En la familia de nuestro personaje Bíblico, José, existe una estructura patriarcal, donde los miembros de la casa trabajan como unidad en una sociedad agraria para garantizar la prosperidad de la familia/tribu, porque en esa sociedad pre-política el clan familiar es autosuficiente. Es decir, que la familia no es parte de una organización mayor a nivel político, económico, cultural o religioso, sino que es funciones están todas integradas dentro de la vida familiar. En asuntos de ley, por ejemplo, el patriarca funciona como juez, haciendo justicia en casos de disputa. «La ley es idéntica aquí con la ley familiar que se transmitió oralmente y que nunca fue permitida de ser separada de las costumbres. Las costumbres y la ley están todavía muy cerca la una de la otra» (Westermann, 1996, p. 79). La transmisión de la tradición o sabiduría creó un método circular de formación social, donde la tradición reforzaba la estructura familiar y la estructura familiar perpetuaba la tradición (Raccah, 2015). Es notorio que, al trasladarse a Egipto, la familia patriarcal de Jacob se une a una sociedad política que más tarde va a cambiar su estructura, pero en el mundo patriarcal en el que creció José con sus hermanos, la familia era autosuficiente y pre-política.

La autosuficiencia económica es muy importante para las familias patriarcales. Ya que cada clan ganadero era nómada en ese tiempo, el esfuerzo por la independencia económica garantizaba su subsistencia. La autosuficiencia se da por el tamaño de la familia, sus hatos de ganado, acceso al agua y por el intercambio de bienes o trueque con otros clanes en esa economía antigua. Por supuesto, esto implica que cada miembro tiene que contribuir con su trabajo físico al bienestar general de la familia. El texto de Génesis nos da a conocer que Abraham era un hombre de mucho poder económico (Génesis 13:12), al igual que su hijo Isaac (Génesis 26:12-13), y su nieto Jacob, padre de José (Génesis 30:43). El clan de José gozaba de autosuficiencia económica.

Las familias del Antiguo Medio Oriente, al igual que las nuestras, tenían expectativas de sus miembros para con la casa. En algunas áreas, como en los roles de género, las expectativas eran rígidas. Ya hemos hablado del papel del esposo y los patriarcas. El papel de las mujeres en general y de las esposas en específico estaba marcado por la sumisión y ayuda al esposo. Su papel principal era el de cuidar de la casa y los niños, aunque algunas veces involucraba actividades ganaderas o agrarias (v.g., Rebeca y Raquel). La meta principal de una mujer casada en ese tiempo era la de concebir y darle herederos a su esposo (Génesis 24:60). Este tema está presente dentro de la consciencia cultural israelita que venera la fertilidad femenina como una bendición de Dios:

³ Tu mujer será como una vid que lleva fruto a los lados de tu casa; tus hijos serán como brotes de olivo alrededor de tu mesa.
⁴ Así será bendecido el hombre que teme a Jehovah.

De todos los asuntos que afectaron a la familia extendida de José, incluyendo a su propia madre Raquel, ninguno tuvo más impacto emocional, que la aparente infertilidad de las esposas de los patriarcas. Nótese que la esposa de Abraham, Sarai (11:30), la esposa de Isaac, Rebeca (25:21), y la esposa favorita de Jacob, Raquel (29:31), eran estériles. Por igual, los conflictos y disfuncionalidad familiares presentes en una generación tienen su origen en las soluciones expeditas por las que optaron los protagonistas de generaciones anteriores en la familia de José. De esa manera, Ismael e Isaac son enemigos por las acciones de Sarai y Agar (Gn 16); al igual que los hijos de Lea están en conflicto con el hijo de Raquel, José, por las acciones de Labán, su abuelo materno (Génesis 29:14-30).

La procreación tenía un papel muy importante en el mundo patriarcal. En efecto, la promesa de Dios era hacer de la descendencia de Abraham una multitud (15:5). Por lo tanto, el escoger una pareja fértil y mantener una familia grande era un proceso lógico de obediencia y auto-beneficio. Pero esto no era algo específico a la familia de José, sino que era un valor universal en ese tiempo. Por lo tanto, la estima de una mujer, en ese mundo antiguo, estaba ligada a su potencial procreador. Había dos tipos de mujeres en el tiempo de José: las ligadas a un hombre y las emancipadas. Dentro de las mujeres ligadas estaban las hijas menores, ligadas a su padre y cuyos matrimonios eran arreglados por él, como lo vemos en el caso de Labán con sus hijas (Gn 29). También estaban las esposas, ligadas a sus maridos, y las viudas de Levirato, que estaban ligadas a los hermanos del esposo para crear descendencia y mantener el nombre del esposo (Deuteronomio 25:5-10). Este es el caso de Tamar, la nuera de Judá (cf. Génesis 38). Las mujeres emancipadas (hijas, mujeres divorciadas y viudas con hijos) por lo general vivían en pobreza, sobre todo si sus hijos eran pequeños y no tenían ayuda de los parientes. En algunos casos, la prostitución era un modo de subsistencia (Raccah, 2015). Esto ocurría porque las leyes del tiempo no favorecían la transmisión de propiedades y bienes a las mujeres, con algunas excepciones (Nm 27:1-11). De hecho, un hogar era considerado «la casa del padre», con la figura masculina como la cabeza del hogar. De manera que la transmisión de propiedad y la herencia se llevaban a cabo por los varones (Bird, 1997). La sociedad de ese entonces facilitaba la representación de la familia por el patriarca en la esfera social, y le daba autoridad legal al hombre sobre la órbita principal de la actividad femenina, el hogar.

La vida y trabajo de la mujer estaban centrados en los quehaceres domésticos y responsabilidades para con la familia. La mujer ideal era la madre de muchos hijos (sobre todo varones), al igual que la mujer laboriosa del hogar (Proverbios 31:10-31), enfocándose en el bienestar de su esposo e hijos. Una mujer infecunda, entonces, era vista con desprecio y su condición se percibía como una forma de castigo divino (Génesis 30:23). La mujer infértil podía no sólo ser vista con desprecio, sino que estaba en peligro de divorcio y de ser expulsada del @@@@ al fallecer su esposo, quedándose sin manera de subsistir. Por ende, la ley mosaica promulgada más tarde (Deuteronomio), tiene estatutos específicos de protección a la mujer (el lector interesado por este tema puede consultar Otto, 1998; Gerstenberger, 2005; o Matthews, 1998).

Bird (1997), indica que el papel de la madre incluía no sólo el criar a los niños, sino también el de preparar la comida para todos, una labor de gran esfuerzo en un mundo sin neveras ni supermercados. El preparar la comida,

>...requería una labor ardua y de mucho tiempo: clasificar, limpiar, tostar y moler el grano, al igual que amasar y hornear el pan; sacar el agua y conseguir combustible (una labor de ambos sexos);

limpiar y descuartizar a los animales pequeños; ordeñar la leche, fabricar mantequilla y hacer queso y yogur; cuidar huertas y frutales; y preservar frutas y carne para almacenar... Vestir a la familia involucraba no solamente hilado, tejido, corte, confección y costura, sino también la preparación de fibras de lana cruda o de lino (Bird, 1997, p. 59).

Otra de las funciones importantes de la madre, de acuerdo con Meyers (2005), era la de darle nombres a los hijos. En su lectura feminista del texto, Meyers propone que las mujeres pronunciaron el nombre de los recién nacidos en el 62% de los eventos bíblicos que relatan el dar nombres a los hijos, algo que involucraba a las parteras también (v.g., Raquel le dio el nombre a José (35:24), y la partera estuvo involucrada en el nombramiento de Fares y Zérah (38:27-30). Meyers también asume (sin ninguna evidencia textual o arqueológica) que las madres efectuaban la circuncisión de los varones recién nacidos. Sea como fuere, el asunto es que las mujeres y madres de antaño (al igual que las de nuestros días) hacían mucho más trabajo y tenían muchas más responsabilidades de las que se reconocían o elogiaban; y a pesar de las expectativas rígidas de lo que debían hacer el hombre y la mujer, las mujeres tenían un papel más importante del que aparece en los textos oficiales del tiempo. Esto se nos hace fácil discernirlo porque sigue sucediendo en nuestros tiempos.

La madre también supervisaba las actividades de otras mujeres dependientes en la casa (hijas, nueras y sirvientas). Cuando había varias esposas, todavía existía una jerarquía entre ellas, pero cada madre tenía el control de sus propios hijos, como lo podemos ver en las historias de Abraham (Gn 21) y Jacob (Gn 30). La sirvienta o esclava era propiedad de sus dueños quienes podían explotar o disponer de su sexualidad como cualquier otro tipo de propiedad útil (Westbrook, 1998). Por esta razón la esclava puede convertirse en concubina del amo, o del esposo de su dueña. Una vez que el concubinato acababa en maternidad, a la esclava se le podía dar cierta clase de protección, manteniendo su condición de «propiedad». Cuando la dueña de la esclava es infértil y la esclava da un heredero en concubinato para el esposo de la dueña, «...luego esa esclava se considera del mismo rango que su dueña por haber dado hijos» (Código de Hammurabi, 146). Estas situaciones de concubinato, que naturalmente causaron conflictos, las vemos en la relación de Abraham con Agar y de Jacob con las siervas de sus dos esposas (Zilpá y Bilhá).

Cultura y religión

A nivel cultural, es en la familia patriarcal donde se transmiten los intereses intelectuales o educación formal de toda clase, desde arte, hasta tradición, sabiduría y conocimiento. En ningún otro renglón es este asunto más importante que en el área de la religión familiar. La familia no es parte de otras organizaciones religiosas externas, sino que la familia misma es una comunidad religiosa pequeña. De manera que Abraham, sus hijos, su esposa y sus sirvientes son una unidad religiosa que adoran al Dios que se le reveló y que lo llamó aparte de su familia de origen (Génesis 12 y 17). En efecto, el objeto de adoración era el Dios de Abraham (v.g., 24:48; 31:42), y era el Dios a quien Abraham adoraba con ofrendas (Génesis 14:17-20). En la interacción de Abraham con Dios (Génesis 18:1-19:29) leemos acerca de la concepción del patriarca sobre la justicia y la misericordia divinas, dada su intercesión a favor de Sodoma y Gomorra. El Dios creador de los cielos y la tierra (Génesis 24:3-7) es un Dios que juzga las acciones de maldad, pero es un Dios misericordioso. Por lo tanto, Abraham apela a la misericordia de Dios en relación a las ciudades injustas. El relato de Génesis 12 al 25 desarrolla el tema de que «Abraham y no Moisés es el fundador del monoteísmo Israelita», de acuerdo al erudito hebreo Segal (1961). Esta forma de entender a Dios (o teología) que Abraham desarrolló, la transmitió oralmente a sus hijos, e Isaac la transmitió a los suyos, igual que Jacob lo hizo con su prole. Criado en la rodilla de su padre, José tuvo que haber aprendido estos conceptos a través de una tradición oral que ya tenía generaciones.

En este renglón, cabe destacar que Abraham se dirige a Dios con varios nombres, que también reflejan su entendimiento y el de sus descendientes acerca de Yahvé. Como en todos los casos, la calidad de nuestra relación con otro ser se manifiesta en la familiaridad que tenemos con su carácter, sus expresiones, su aporte a nuestras vidas y las experiencias comunes. Y esa familiaridad es mejor recogida y expresada en los nombres y adjetivos que usamos para conectarnos con la otra persona. Los nombres que Abraham usa para describir a Dios reflejan su relación y experiencia con Él. A continuación, presento un cuadro que he adaptado del material presentado por Water (2000), donde se resumen los nombres usados por Abraham y sus descendientes acerca de Dios:

Nombre Hebreo	Significado	Locutor	Génesis
1. *El-Elyon*	Dios Altísimo	Abraham	14:18
2. *Shapat*	Juez	Abraham	18:25
3. *El Olam*	Dios Eterno	Abraham	21:33
4. *Yahvé-jireh*	Jehová Provee	Abraham	22:13-14
5. *El Shaddai*	Dios Todopoderoso	Abraham	17:1-5
6. *El Elohe-Yisrael*	El Dios de Israel	Jacob	33:20; 34:6

Otro aspecto de la vida religiosa de Abraham es que él adora en altares (Génesis 12:6-8; 13:4.18; 22:9); al igual que Isaac (26:25) y Jacob (28:18-22; 46:1). Pero a diferencia del mundo mesopotámico en que vivió Abraham, el Dios que él adora en esos altares es el único creador de los cielos y la tierra (Segal, 1961).

Uno de los ritos religiosos y señales del compromiso de Abraham con la promesa de Dios era la circuncisión: «Ésta es la alianza que hago con ustedes y con sus descendientes futuros y que han de guardar: todos los varones deberán ser circuncidados» (Génesis 17:10 LBNP). Aunque esta práctica era común en el Egipto antiguo (4000 a.C.) y hay quienes dicen que era practicado en la prehistoria (Elwell & Beizell, 1988), lo importante a destacar es que una vez implementada como señal religiosa de la promesa, Abraham y todos sus descendientes practican la circuncisión fielmente (cf. Génesis 17), primero con todos los varones de la casa y luego con los recién nacidos. Como punto interesante, Ismael, hijo de Abraham y padre de los árabes, fue circuncidado a los trece años (17:25). En algunas regiones del mundo musulmán la circuncisión todavía tiene lugar a esa edad para seguir el ejemplo de Ismael (Elwell & Beizell, 1988).

El patriarca tiene como responsabilidad dar las pautas acerca de la vida religiosa de la familia. Ya hemos visto que Abraham hizo esto como «fundador de la religión monoteísta hebrea» (Segal, 1961). No cabe duda que, Abraham tuvo que haber repetido las palabras de la promesa que le fue otorgada por Dios sobre su descendencia a Isaac, con la misma exactitud y esmero con que cada generación hebrea posterior ha transmitido la Torá hasta el día de hoy.

Vemos en el caso de Jacob, como él adopta pasos importantes en su experiencia con Dios para educar a su familia sobre cómo relacionarse con el mismo Dios. Habiendo vivido en Padán Arán, el clan de Jacob estaba expuesto a otros dioses (31:30-35), los dioses del patriarca Labán y los de su región. Sin embargo, cuando Jacob regresa a Betel, en la tierra de Canaán, él exhorta a toda su casa a consagrarse al único Dios:

> ² Entonces Jacob dijo a su familia y a todos los que le acompaña-ban:
> –Quitad los dioses extraños que hay entre vosotros. Purificaos y cambiad vuestros vestidos.³ Levantémonos y subamos a Betel; allí haré un altar a Dios, que me respondió en el día de mi angustia y ha estado conmigo en el camino que he andado (35:2-3 RVA).

Aunque el texto de Génesis no lo dice, podemos deducir por lógica que José, como hijo predilecto de Jacob, fue expuesto a la vida religiosa y las enseñanzas acerca del Dios de Abraham, de Isaac y de Jacob, el Dios de Israel. Esto afectó a las sensibilidades espirituales del joven José, quien internalizó lo aprendido sobre la promesa de Dios a su familia, tanto como la manera en que Dios se había manifestado a sus antepasados. José, entonces, tenía una creencia en un único Dios (el Dios de sus antepasados) cuando fue vendido como esclavo en el Egipto antiguo que contaba con muchas deidades (Waterson, 2013).

De alguna manera estar expuesto a la religión de Jacob y al Dios de sus padres, impactó también a José cuando fue tentado sexualmente por la esposa de Putifar, como lo detectamos en su respuesta: ¿Cómo, pues, haría yo esta gran maldad y pecaría contra Dios? (39:9). Su razonamiento moral en este caso refleja una internalización de valores y de justicia divina, a la que nadie en su entorno tenía que atenerse. Pero a José le pesa más pecar contra Dios que salvar su pellejo; puesto que, al rechazar los avances sexuales de su patrona, José aseguró su castigo. Es indudable que José desarrolló su propia relación con Yahvé para poder seguir creyendo a pesar de las circunstancias negativas. Esto lo vemos en su actitud de servicio con los funcionarios del rey que compartieron el calabozo y sus sueños presagiosos con José (Génesis 40). José atribuye la interpretación de los sueños a Dios en su diálogo con el copero y el panadero de Faraón (40:6-8). Cuando le es más ventajoso interpretar sueños, los sueños de Faraón, José repite su convicción de que eso no es su propia capacidad de darle sentido a las quimeras, sino que eso es un don de Dios. Leamos:

> [Faraón] —Tuve un sueño que nadie ha podido interpretar. Pero me he enterado de que, cuando tú oyes un sueño, eres capaz de interpretarlo.
> —No soy yo quien puede hacerlo –respondió José–, sino que es Dios quien le dará al faraón una respuesta favorable (41:15-16, NVI).

De manera, que aun en el don más importante del tiempo, la capacidad de discernir el contenido y significado de los sueños para determinar su relación con las realidades socio políticas de reinados y dinastías, el don que era propiedad de los sabios y adivinos de la corte real, José depende de Dios. Esto refleja un grado de madurez en su relación con Yahvé tanto como una diferenciación clara entre el Dios de José y los dioses del faraón.

A diferencia de la manifestación de Dios a los patriarcas, el texto no nos da ninguna indicación de que Dios se le apareciera en sueños a José (teofanías), ni mucho menos que dialogara con él directamente, de la misma manera que lo hizo con Abraham (Gn 18) o con Jacob (32:25-33). Génesis 37 detalla dos sueños indefinidos que José tuvo de adolescente, pero no hay ninguna interpretación clara de los mismos. Aunque analizaremos ese material con detalle en el tercer libro de esta serie –La Túnica de Lino Fino–, debe quedar claro que esos sueños no contienen ningún diálogo con Dios, ni tampoco ninguna promesa explícita, como ocurre con sus antepasados. Al contrario, el contenido de sus sueños es simbólico (manojos de trigo, y cuerpos celestiales con José como foco de atención). Pero no hay ninguna declaración explícita de la promesa para con José. Por lo tanto, las instrucciones que recibiera José a través de la tradición oral comunicada por su padre, formaron su vida espiritual desde joven y sirven para entender que Dios tenía un propósito para con él. ¿Cómo mantuvo José sus convicciones y cómo nutrió su fe en el único Dios, el Dios de Abraham, de Isaac y de Jacob, dentro de un contexto egipcio tan idólatra, donde cualquier deidad ostentaba el título hiperbólico de «El gran dios de…» (Traunecker, 2001)? No lo sabemos. Sin embargo, el texto nos dice que, en la ausencia de teofanías, la presencia de Dios en la vida de José era clara y real: «Dios estaba con José» (39:2); y «…el Señor seguía estando con [José] y no dejó de mostrarle su favor. Hizo que se ganara la simpatía del jefe de la cárcel» (39:20-21). José no vio pero creyó. No desmayó tampoco, sino que perseveró. José rechazó la amargura de la victimización por la esperanza de la restauración, aceptando el favor de Dios en todas sus circunstancias.

Conclusión

Las familias vienen en todos los tamaños y estilos. Algunas son muy extensas, donde cada miembro es parte de una jerarquía formal, mientras que otras familias son muy recogidas e informales, donde cada miembro escoge qué papel jugar. Pero sean grandes o pequeñas, urbanas o rurales, patriarcales o matriarcales, todas las familias tienen una estructura y todas esperan algo de sus miembros. Si lo pensamos bien, podemos reconocer que nuestras familias de origen nos han dado un lugar, unos valores, una posición, y unas expectativas de nuestra conducta, entre tantas otras cosas. Por eso, la experiencia familiar es universal, ya sea que la veamos en la experiencia de nuestra comunidad, en las historias literarias, o en la historia de José, bisnieto de Abraham en la Biblia. Al leer la historia de José desde la perspectiva de su familia, podremos tener más simpatía para con los personajes, entendiendo algo de sus costumbres y cultura. Sin embargo, lo vital es que su experiencia familiar nos ha sido transmitida para comunicar un mensaje relevante en nuestras circunstancias. Esto nos reta a entender las dinámicas que afectan a nuestras propias familias dentro del contexto cultural, político, legal y religioso en el que los miembros de mi familia crecieron. Entender ese contexto nos ayudará a clarificar por qué ellos tomaron ciertas decisiones o empezaron a experimentar ciertos problemas. Muchos de nuestros padres literalmente vienen de «otro mundo» cultural donde los papeles eran rígidos y las opciones limitadas. ¿Cómo actuaríamos nosotros bajo las mismas circunstancias que ellos enfrentaron? ¿De dónde vienen y cuáles son las dinámicas que afectan a mi familia de origen y a mi familia inmediata?

Para discernir este asunto tenemos que enterarnos de las distintas dinámicas que afectan a todas las familias, incluyendo la familia de José. A esto procederemos con detalle en los próximos capítulos.

Capítulo 2
La túnica del padre

Valores familiares

Mientras cenaba con mi amigo, discutíamos las peripecias de nuestras profesiones. De repente vino la pregunta: «¿Y cómo fue que decidiste hacerte abogado?». Hernán contestó con una risa de sorpresa mezclada con jocosidad, como si la respuesta no fuese lo suficientemente obvia para mí: «Todos los varones en mi familia son abogados. Mi abuelo fue abogado, mi papá y mi tío eran abogados y ahora yo y mis hermanos, todos somos abogados. Mi hermana es la única que hizo lo que quiso, ella es nutricionista». Durante la sobremesa, Hernán reveló que su decisión por la abogacía no fue realmente libre, porque su padre nunca hubiese aprobado su interés por la administración de empresas. Luego contó que su hermano mayor acababa de completar un curso de post-grado para convertirse en un consejero. El padre no estaba contento, pero por lo menos el hermano mayor ya había sido abogado durante mucho tiempo y mantuvo la tradición de la familia Albaz.

Nuestras familias tienen ocupaciones, tradiciones, valores, conductas y estilos relacionales que se transmiten de una generación a otra. Esta práctica milenaria tiene distintas formas en todos los países del mundo y épocas de la historia, pero es universal. Para los Albaz en esta época era la abogacía con todas sus complejidades, beneficios y problemas durante al menos tres generaciones.

Para los astrónomos sacerdotales de Chichén Itzá, en el imperio Maya antiguo, lo que se transmitía de padre a hijo no sólo eran las características físicas (como la elongación forzada del cráneo), sino también el conocimiento científico y matemático de los eclipses y épocas del año por varios siglos. Se transmitía la habilidad de predecir el tiempo y observar las estrellas para aplicarlo a la agricultura y meteorología (Martin y Grube, 2002). En la Biblia también encontramos este proceso familiar en el que los padres pasan su profesión a sus hijos generacionalmente. En el Antiguo Testamento Isaac fue ganadero igual que Abraham su padre, mientras que en el Nuevo Testamento Jacobo y Juan fueron pescadores al igual que Zebedeo su padre.

De tal palo tal astilla. Las dinastías de todas las culturas en la historia de la humanidad nos confirman este concepto, tanto como el conocer la historia de nuestras propias familias y de las familias de nuestros países. Es por eso que los apellidos nacen como descripciones de la vida familiar: Herrera para los herreros; Montañés, para los habitantes o gentilicio de La Montaña; Cantor para los que cantan en las sinagogas, y así por el estilo.

Esta dinámica de transferir la acumulación de tradiciones, conocimientos y ventajas de una generación a otra no se limita a actividades laborales, posesiones materiales, o conexiones sociales. Salomón heredó el trono de su padre David, pero también heredó el valor de la sabiduría para poder ejercer su gobierno (1 Reyes 3:9). Con todo lo que comunican a sus hijos durante la crianza, las familias inexorablemente transmiten también valores de vida y una cosmovisión espiritual. Esa forma de entender a Dios y el lugar que Él tiene en la vida de las personas, lo aprendemos de nuestros padres que nos enseñaron a orar o rezar y se lo enseñamos por igual a nuestros hijos. De niño mi padre me enseñó a memorizar los salmos a través de la repetición diaria mientras me llevaba hasta el colegio. Cuando llevaba a mis hijos a la escuela, yo hacía lo mismo con ellos.

No cabe duda que las familias también tienen procesos relacionales y formas de resolver (o en algunos casos, de crear) conflictos que persisten en la historia familiar. Viene al caso la familia Windsor, mejor conocida como la familia real de Inglaterra, quien ha tenido conflictos con sus relaciones amorosas durante generaciones. Antes de que Charles, el Príncipe de Gales, se haya involucrado con una mujer casada y luego divorciada –Camilla Parker Bowles–, su tío abuelo Edward VIII, abdicó al trono en 1936 para vivir con una mujer casada y luego divorciada –Wallis Simpson–. Si nos esforzamos un poco podemos hacer un análisis de familias conocidas en la historia de nuestros países o comunidades y vislumbraremos cómo patrones de conducta que afectaron a una generación en el pasado se manifiestan homólogamente en las generaciones siguientes. Es un proceso universal que no tiene un valor positivo o negativo. Simplemente es una realidad. El contenido de lo que se transmite sí tiene una polaridad de valor, y es por eso que nos incumbe entenderlo.

Este proceso de transmisión que universalmente ocurre en las familias a distintos niveles es evidente en las familias de la Biblia en general y en la familia de José, nuestro personaje, en particular. Como la historia de José se nos presenta a través de la ropa o túnicas que él viste, lo que su padre le transmite a José y a su generación viene marcado por la Túnica de Múltiples Colores, la Túnica del Padre. Tanto a José como a nosotros se nos otorga una túnica familiar (con todas sus implicaciones), ya sea explícita o implícitamente. Sólo que, para nosotros, esa túnica tiene que ver con el peso de nuestro apellido o con el negocio familiar. A veces tiene que ver con nuestro orden de nacimiento, o con mantener ciertas tradiciones. Sea lo que fuere el simbolismo de la túnica familiar, todos la llevamos puesta porque nos fue otorgada por nuestras familias de origen. Para poder entender entonces las implicaciones de la Túnica del Padre en nuestro estudio, tenemos que entender a la familia de José, que es bastante grande y compleja.

La familia de José

Para entender la historia épica de José (Génesis 37-50), que ha sido descrita como una novela o una historia dentro de otra historia más grande, tenemos que entender a su familia. La Figura 2.1 es un cuadro genealógico (Goldrick y Shellengerg, 1999) simplificado de la familia de José donde podemos visualizar su genealogía. Esta figura la veremos en distintas permutaciones más adelante para visualizar las dinámicas familiares. Por ahora, de este cuadro genealógico aprendemos varios datos demográficos: José es el onceavo hijo de doce hermanos y una hermana (para propósitos de herencia, su hermana no era contada en el orden de nacimiento dentro de la cultura semítica). José, sin embargo, es el primer hijo de su madre Raquel, y nace ya en la vejez de su padre, que tuvo al resto de sus hermanos con dos esposas y dos concubinas. Raquel, la esposa favorita de su padre, lo llama José, que proviene de los verbos hebreos 'asaf (quitar) y yosef (añadir). Para Raquel, la afrenta constante de su esterilidad es quitada o borrada con José y él marca la esperanza de un futuro con aún más gozo en que «Jehová añada» (Sarna, 1989). Sus abuelos paternos viven lejos y no están involucrados en su vida, mientras que su abuelo materno explotó económicamente a su padre durante 20 años. Este tema de sacarle ventaja a un familiar, era común y a la vez un punto de gran conflicto en la familia extendida de José. Cuando se confrontan, Jacob le reclama el abuso laboral a su suegro Labán:

Así he pasado veinte años en tu casa: catorce años trabajé por tus dos hijas y seis por tu ganado y tú has cambiado mi salario diez veces (Génesis 31:41, RVA).

De manera que José nace en una casa llena de tensión en donde su madre Raquel está en contienda con su tía Lea por el afecto de su padre Jacob (Génesis 30:1.15-16). Sus propios hermanos tienen problemas de conducta y van a estar en contienda con él cuando crezca. Este nivel de conflicto era sólo en la familia extendida del lado materno. En cuanto a la familia extendida del lado paterno, su tío Esaú, era una figura violenta con un gran odio por su padre Jacob. Ellos habían estado en contienda durante mucho tiempo, debido a cómo Jacob le robó los privilegios de la primogenitura. Cuando se van a re-encontrar décadas más tarde, Jacob ora a Dios lleno de miedo por el riesgo de violencia criminal:

Líbrame, por favor, de la mano de mi hermano, de la mano de Esaú, porque le temo. No sea que venga y me mate a la madre junto con los hijos (Génesis 32:11).

Figura 2.1. La Genealogía de José

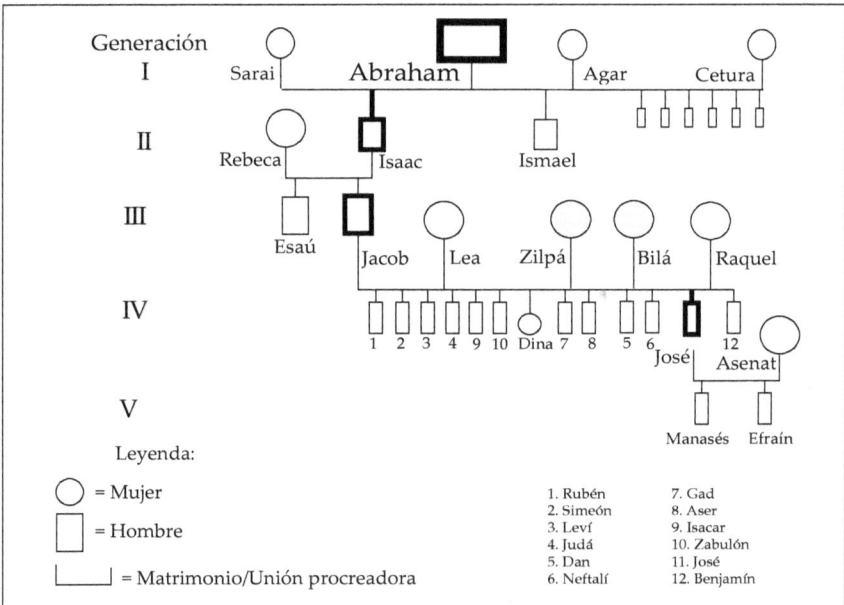

Leyenda:
◯ = Mujer
☐ = Hombre
⌐‾‾⌐ = Matrimonio/Unión procreadora

1. Rubén
2. Simeón
3. Leví
4. Judá
5. Dan
6. Neftalí
7. Gad
8. Aser
9. Isacar
10. Zabulón
11. José
12. Benjamín

Si bien José viene de una familia conflictiva, también podemos ver que José viene de una familia muy pudiente con gran trasfondo histórico y espiritual. Como se nos hace obvio en el Cuadro 2.1, José venía de una familia muy importante a nivel espiritual. Dios había escogido a un hombre, Abraham, con quien hizo un pacto para bendecir a todas las familias de la tierra a través de su descendencia. José era descendiente directo de Abraham e indudablemente era bendecido. Dentro del contexto semítico una manifestación de la bendición de Dios era el bienestar material. Los ancestros de José eran considerados ricos por sus vecinos rurales. Todos ellos fueron terratenientes y ganaderos con vastos hatos de ganado y otras riquezas materiales. De manera que cuando José nace, él forma parte de una familia con amplios recursos económicos. Como nos dice el relato bíblico de cada uno:

Abraham

Abram era muy rico en ganado, en plata y en oro (Génesis 13:2).

Isaac

Isaac sembró en aquella tierra, y aquel año obtuvo ciento por uno. Jehová lo bendijo, y el hombre se enriqueció y continuó enriqueciéndose hasta llegar a ser muy rico. Tenía rebaños de ovejas, hatos de vacas y abundancia de siervos, de modo que los filisteos le tenían envidia (26:12-14).

Jacob

Así prosperó muchísimo el hombre; y tuvo muchas ovejas, siervas, siervos, camellos y asnos (30:43).

Como veremos más adelante, la familia de José tiene todas estas dimensiones que la hacen parecida a nuestras familias. Tiene un trasfondo espiritual, pero también peculiaridades culturales, e idiosincráticas, que conforman su personalidad. En este sentido José y su familia tienen relevancia para nosotros. Sus defectos y problemas son un espejo para los nuestros, y la Biblia no esconde ninguna de las motivaciones egoístas o problemas serios de conducta de los personajes. Por lo tanto, enfatizar los aspectos espirituales a expensas de la realidad relacional de esta familia es tan incompleto como resaltar sólo sus defectos. En la siguiente sección estaremos discutiendo el concepto de dinámicas familiares y luego lo integraremos con el relato de José.

Cuadro 2.1. El Trasfondo Espiritual de José

Familiar	Promesa de Dios	Respuesta Personal
Abraham (Bisabuelo)	Entonces Jehová dijo a Abram: «Vete de tu tierra, de tu parentela y de la casa de tu padre a la tierra que te mostraré.[2] Yo haré de ti una gran nación. Te bendeciré y engrandeceré tu nombre, y serás bendición.[3] Bendeciré a los que te bendigan, y a los que te maldigan maldeciré. Y en ti serán benditas todas las familias de la tierra». Génesis 12:1-3	Abram partió, tal como el Señor se lo había ordenado, y Lot se fue con él. Abram tenía setenta y cinco años cuando salió de Jarán. Gn 12:4
Isaac (Abuelo)	Y se le apareció Jehová y le dijo: –No desciendas a Egipto. Habita en la tierra que yo te diré. [3] Reside en esta tierra. Yo estaré contigo y te bendeciré, porque a ti y a tus descendientes os daré todas estas tierras. Así cumpliré el juramento que hice a tu padre Abraham. [4] Yo multiplicaré tu descendencia como las estrellas del cielo, y daré a tu descendencia todas estas tierras. Y en tu descendencia serán benditas todas las naciones de la tierra, [5] porque Abraham obedeció mi voz y guardó mi ordenanza, mis mandamientos, mis estatutos y mis instrucciones. Gn 26:2-5	Isaac se quedó en Gerar. -26:6
Jacob (Padre)	Y he aquí que Jehová estaba en lo alto de ella y dijo: –Yo soy Jehová, el Dios de tu padre Abraham y el Dios de Isaac. La tierra en que estás acostado te la daré a ti y a tu descendencia. [14] Tus descendientes serán como el polvo de la tierra. Te extenderás al occidente, al oriente, al norte y al sur, y en ti y en tu descendencia serán benditas todas las familias de la tierra. [15] He aquí que yo estoy contigo; yo te guardaré por dondequiera que vayas y te haré volver a esta tierra. No te abandonaré hasta que haya hecho lo que te he dicho. Gn 28:13-15	–Si Dios está conmigo y me guarda en este viaje que realizo, si me da pan para comer y vestido para vestir, [21] y vuelvo en paz a la casa de mi padre, Jehová será mi Dios. [22] Y esta piedra que yo erigí como pilar será casa de Dios, y de todo lo que Dios me dé, le daré la décima parte. –28:20-22

Dinámicas familiares

El libro del Génesis nos da una crónica generacional de José que revela patrones de conducta reproducidos fielmente y a la par de las características físicas de esta familia. Si bien se transmitía información genética de una generación a otra, también se transmitían los patrones de conducta que gobernaban a las relaciones familiares, o *dinámicas familiares*. En su libro ya clásico (*De generación en generación*, 1996), el rabino Edwin Friedman, expone y detalla esos patrones como conductas presentes en la vida de las familias. Su premisa básica es que conductas de miembros familiares nunca ocurren en un vacío, sino que reflejan ya sea la tensión familiar o las expectativas/aprendizaje que se transmiten abierta o tácitamente en el seno del hogar. Friedman destaca cinco patrones de dinámicas o procesos familiares que vamos a repasar brevemente en este espacio para entenderlos. En capítulos posteriores desarrollaremos a fondo estas dinámicas en la vida de la familia de José.

- El *paciente identificado o La oveja negra de la familia*. Esto se refiere a la persona que se desvía de la norma común a todos los otros miembros de la familia, pero que paradójicamente es la persona que refleja la tensión y los problemas sin resolver dentro de la familia. Hace varios años una familia ejemplar llegó a mi oficina para que trabajara con su hijo Johnny. Los padres estaban sumamente preocupados de que este niño fracasara en la vida por ser un irresponsable. Cuando me informé acerca de las conductas irresponsables, ambos padres señalaron que Johnny nunca estaba listo para ir a la escuela mientras que todos sus otros hermanos no sólo estaban listos, sino que estaban dispuestos antes de la hora de salir de la casa. Aparentemente, cada mañana en vez de apurarse, Johnny simplemente lloraba y creaba un drama que los padres trataban de aplacar pronto para que no retrasara a toda la familia. La frustración e ira de los padres era palpable. Mientras ellos contaban el problema, Johnny se echó a llorar en mi oficina al igual que lo hacía todas las mañanas. Cuando hablé con él y le pregunté sobre el significado de su llanto, Johnny respondió sin ninguna vergüenza que ése era el único momento en que su padre le prestaba atención. Si él no lloraba, simplemente lo ignoraban todo el día, porque la familia tenía un nivel exagerado de actividad. Después de la escuela tenían actividades deportivas o musicales en o fuera de la iglesia. Cuando llegaban a la casa era para comer algo rápido y hacer la tarea antes de ir a dormir.

Los fines de semana todos los muchachos tenían una actividad y los padres tenían compromisos voluntarios en la iglesia o en la comunidad. Nunca tenían tiempo como familia, sino que siempre estaban haciendo algo. Aunque Johnny parecía ser el «irresponsable e inmaduro de la familia» en realidad él era el único que no estaba dispuesto a ser parte de un sistema donde la carencia afectiva se cubría con hiperactividad. Más tarde descubrimos que existían problemas muy serios entre los padres, que por no lidiar con los mismos se habían desbordado en actividades para tener algo en común y no ahondar en sus hostilidades. Había mucha actividad, pero no había afecto. La tensión entre los padres era claramente captada por el radar emocional de Johnny que no estaba dispuesto a vivir ignorando la tensión del hogar. Su llanto y «sabotaje» eran realmente una llamada a la realidad. En esa familia como en las nuestras, la oveja negra o el paciente identificado, es el barómetro de disfunción en el sistema familiar. Por lo tanto, la oveja negra siempre va a manifestar el conflicto de la familia. Esto nos reta a entender a los miembros de la familia como un sistema y no como partes aisladas que merecen ser culpados o que deben ser «arreglados» individualmente. Al contrario, cuando se manifiesta la «oveja negra» en la familia, está apuntando a los problemas de ese sistema familiar para que confronte sus conflictos y cambie como unidad.

• El segundo concepto sistémico discutido por Friedman es *El equilibrio*. Éste se refiere a los polos opuestos dentro de la misma familia. Hace varios años conocí a Julio, que vino a buscar ayuda a mi despacho. Me contaba que su hija María le había dado mucho trabajo y dolor desde que empezó la secundaria. Siendo atractiva y amigable, se juntó desde temprano con un grupo de jóvenes pandilleros. Pronto empezó a usar drogas y a faltar a la escuela. Su gracia física la hizo muy popular con los muchachos y eventualmente con el líder de la pandilla a la que decidió pertenecer. Julio hizo lo posible por rescatarla, llevándola a consejeros, buscando programas de rehabilitación y hablándole austeramente, castigándola y por último dándole un ultimátum, porque no sabía qué más hacer por ella. María optó por irse de la casa a los brazos de «ese patán inservible» como lo llamaba Julio. Y apenas a los 17 años tenía un hijo y esperaba otro. Julio quiso ignorarla, impidiéndole que nunca más volviera a la casa. Pero esta vez pensó que las criaturas de María no tenían ninguna culpa de tener una madre que seguía en las drogas y un padre que llegó a parar en la cárcel. Decidió entonces criar a los nietos como una forma de rectificar la vida de María pensando que, si la perdió a ella, por lo menos podría salvar a las criaturas inocentes. El problema fue que eventualmente Julio y su esposa terminaron criando a su edad avanzada a los 6 hijos de María que era tan fértil como irresponsable. «Ah, pero mi hijo, Julito, ése es mi orgullo y mi consuelo», me contaba Julio. En realidad, Julito haría sentirse orgulloso a cualquier padre. Se graduó con altos honores en la escuela, y lo becaron con todos los gastos pagados en una universidad prestigiosa, como un latino ejemplar. Después de graduarse continuó estudios de posgrado, para convertirse eventualmente en profesor. Tenía una novia formal y para casarse en una boda muy solemne. Era totalmente independiente, sofisticado, intelectual, responsable, y sensible a las necesidades de sus padres. Mientras Julito acumulaba honores y logros, María acumulaba, según Julio, problemas y vergüenzas para sus padres. ¿Cómo pueden dos hermanos ser tan distintos? Se nos hace obvio que María y Julito son polos opuestos, pero lo importante que tenemos que entender es que, si María decidió vivir su vida sin importarle las consecuencias de su conducta, Julito escogió aplacar la tensión de los padres y de la familia en general, convirtiéndose en un hijo ejemplar. Como dice Friedman, un extremo cancela al otro, pero los dos extremos vienen de una misma fuente. En mi carrera he conocido a muchos pastores y ministros que representan el polo opuesto de otro miembro en sus familias de origen. Su actividad ministerial y estilo de vida tienen como función dentro del seno familiar, el de aplacar la tensión creada por las acciones de otro hermano o hermana que crearon una carga emocional muy pesada. Obviamente, no siempre tiene que haber un polo opuesto a las acciones negativas e irresponsables de otro miembro. A veces, los polos opuestos dentro de una familia reflejan sus estilos de pensar, o su participación política, o simplemente su selección de carrera y/o actividad laboral. Sea cual fuere el asunto de la polarización, existe en todas las familias. Cuando aceptamos esta dinámica, entonces empezamos a entender mejor las conductas perplejas o irritantes de nuestros familiares.

• *La diferenciación* es el proceso en el que los miembros de la familia definen sus metas y propósitos sin ceder a las presiones de unidad familiar. En este proceso, la persona dice «yo» cuando los demás exigen «nosotros». En la familia de los Albaz, la hermana había decidido que ella iba a ser nutricionista, porque no quería nada con la abogacía. Otro caso es el de Juan, el hijo de un arquitecto famoso que fue a la universidad para cursar arquitectura, pero en contraste con las expectativas de su padre, sus tíos y la empresa familiar, Juan decidió ir a sacar un posgrado en Europa y empezar desde abajo con su propia empresa. Él, y todos en su familia, sabían que hubiera sido infinitamente más cómodo usar la infraestructura del negocio que llevaba el estimado nombre de la familia en su país. Pero en ese caso, hubiese sido uno más, sin identidad profesional propia. Cuando él escoge irse a trabajar al extranjero, dice «yo», mientras todos los demás demandaban «nosotros». Esto no sólo sucede en familias pudientes. Alberto venía de una familia de trabajadores del campo por generaciones. Siendo el menor de 7 hermanos, tuvo que dejar la escuela en el tercer grado como todos ellos para ayudar a su padre en el campo. Empezó cuidando y dando de comer a los animales y luego fue a sembrar maíz hasta que cumplió 17 años. Cuando llegó a trabajar en los campos agrícolas del centro de California aprendió a conducir vehículos de la granja y a repararlos: vehículos de todo tamaño y para todo uso. No sólo se le hacía fácil, sino que también le encantaba. Aprendió todo lo que pudo. Ese trabajo no era tan rutinario, ni físicamente tan esforzado y, por supuesto, mucho mejor pagado que el trabajo del campo. A pesar de todas estas ventajas ninguno de sus hermanos mostró curiosidad por la mecánica. Ellos estaban interesados en seguir haciendo lo que siempre habían hecho, el trabajo honesto del campo. Pero Alberto se diferenció claramente de todos ellos cuando escogió la mecánica. Es así con todas nuestras familias, siempre habrá una persona que haga las cosas de manera distinta y a veces en rebelión directa contra la presión de la familia.

• *La familia extendida* impacta a la familia nuclear porque es la que da las pautas de conducta a los padres, que también fueron hijos y hermanos. Estos traen conflictos no resueltos de su pasado e influencian la conducta de la nueva generación. Las historias familiares tienden a repetirse en las nuevas generaciones por las influencias de la familia extendida. Enrique (cf. Nazario, 1997) salió de Honduras con la necesidad del hambre y la angustia de buscar a su madre que lo había dejado desde muy pequeño con la abuela en busca de mejores oportunidades en Norteamérica. Más que la búsqueda de oportunidades, Enrique estaba motivado por la búsqueda de respuestas y consuelo para su joven corazón cicatrizado por la carencia afectiva y el abandono de su madre. Él se embarca en una travesía épica, descrita al detalle por la periodista Nazario, que usa su historia como ejemplo del sufrimiento de toda una generación huérfana por la distancia de sus madres. La odisea de Enrique incluye el sobrevivir a las condiciones infrahumanas de un viaje sin aparente fin, a los ataques de pandilleros, a los múltiples intentos de cruzar la frontera y ser capturado por las autoridades de inmigración, y luego el tratar de encontrar a su madre a quien consigue encontrar no en California, sino en Carolina del Norte. Entre las preguntas que verbaliza Enrique, se encuentra la incógnita de cómo pudo su madre haberlo dejado tan pequeño en un mundo tan hostil. Pocos podemos leer ese libro sin derramar lágrimas al concientizarnos de un submundo atroz que se rige por las leyes de la selva bajo nuestras propias narices. Enrique, que resulta ser un modelo de los estragos causados por el abandono de los menores y que entiende en carne propia el dolor de quedar desamparado del cuidado materno a una temprana edad, le exige a la madre adolescente de su propio hijo, que haga el mismo viaje de Honduras para estar con él en Estados Unidos, mientras deja su retoño al cuidado de la abuela. Cuando entendemos a las familias como sistemas se nos hace claro que la familia extendida tenga un peso significativo en la expresión de conflictos a nivel generacional por la influencia que ejerce. Esto parece ocurrir a nivel consciente o subconsciente. Isaacson (2011), en su biografía del prodigioso Steve Jobs, cuenta la historia de que cuando el padre biológico de Steve Jobs tenía 23 años, optó por no hacerse cargo del recién nacido Steve y lo dieron en adopción. Cuando cumple sus 23 años, Steve Jobs, sin saber todos los detalles de su familia de origen ni de su adopción, optó por no reconocer a su primera hija y negó su paternidad. Una homología que logró sorprenderlo aun a él, mas tarde en su vida. No que exista un sentido determinista donde patrones de conducta de una generación se tienen que repetir en otra. Sin embargo, la cultura y valores de una familia extendida sirven de guiones para la conducta de las nuevas generaciones. Estos guiones pueden ser escogidos o rechazados, pero no negados.

•   *Triangulación* se refiere a esas alianzas y forcejeos emocionales que siempre terminan con una persona en el medio como mensajero de paz o guerra entre dos miembros familiares en conflicto. Cuando Ana se rebela contra su padre, éste decide que no puede tolerar su insolencia ni su majadería. La fricción sube a tal nivel que ninguno de los dos se soporta. La madre no quiere alienar a su hija mayor que siente que el padre no la comprende y que es sumamente rígido y terco, ni a su esposo a quien ama y respeta. El padre no tiene ninguna tolerancia para la falta de respeto ni para las tonterías de Ana, y por lo tanto decide vengarse sutilmente de ella, negándole permisos para salir a fiestas o para estar con sus amistades. Cuando el padre tiene que decirle algo a Ana lo hace a través de su esposa, usando la frase clásica de la triangulación: «Dile a tu hija que…». La madre se angustia porque sabe que la hija ha hecho todo lo posible para terminar sus tareas a tiempo con tal de salir a su actividad social y entonces se convierte en el abogado de Ana para complacer al padre y en la protectora del padre para suavizar su ira ante la hija. Este conflicto clásico se puede ver en sus diez mil iteraciones, y ciertamente con mucha frecuencia en nuestras familias inmediatas y extendidas. Habiendo crecido en una familia de padres divorciados yo he experimentado en carne propia la presión y tensión de dos seres queridos que exigen lealtades mutuamente exclusivas. Estar en el medio es una carga muy grande e ingrata porque resulta imposible complacer a las dos facciones en pugna, pero sobre todo porque les quita la responsabilidad de lidiar con el problema por sí mismos. Al igual que las dinámicas anteriores, la triangulación ocurre en todas las familias, aunque con distintos niveles de severidad.

Conclusión

La familia es un organismo vivo y activo que funciona como un sistema con valores y expectativas que transmite a sus miembros por generaciones. Este sistema se rige por varias dinámicas que son universales. Aquí hemos identificado cinco de ésas dinámicas usando el marco teórico de Friedman (1996), a saber: el paciente identificado, el equilibrio, la diferenciación, la familia extendida y la triangulación. Estudiando el libro de Génesis encontramos que todas estas dinámicas tanto como otras no descritas forman parte de la familia de José. Estas dinámicas, entonces llegan a conformar la *Túnica del Padre* en el caso de José, *o la Túnica Familiar* en nuestro caso. Cuando Jacob le hace una túnica de múltiples colores a José, con ella le transmite las dinámicas de su familia de origen. La prenda de vestir es un símbolo que lleva José sobre cómo relacionarse con sus familiares y por ende refleja las dinámicas disfuncionales de esa familia.

En los capítulos siguientes ahondaremos en estas dinámicas para ver su manifestación en la familia de José y para entender el papel que juegan en el proceso de su desarrollo personal tanto como en el nuestro.

Capítulo 3
Dinámicas disfuncionales de la familia extendida de José: Problemas de sexualidad

El primer estadio en la vida de José es el de la túnica policromática, o la túnica del padre, que se caracteriza por todos los matices de las dinámicas familiares. Después de haber identificado las distintas dinámicas familiares que afectan universalmente a las familias en el capítulo anterior, en este capítulo nos centraremos en las dinámicas presentes en la familia de José. Este abordaje lo haremos a través del texto bíblico que presenta la conducta de esta familia sin esconder ninguna de las fallas de nuestros personajes, y sin minimizar sus errores. De todas las dinámicas presentes, la más sobresaliente es la de la *Familia Extendida*. Al analizar la familia extendida de José surgen varios patrones de conducta que se repiten en esta familia por generaciones.

El primer patrón disfuncional que evaluaremos en esta familia tiene que ver con la falta de respeto *a los límites de la sexualidad*.

Generaciones anteriores

El bisabuelo de José, el patriarca Abraham estaba dispuesto a dejar que el Faraón de Egipto se acostara con su esposa por miedo a que le hiciesen daño. Leamos:

> Hubo hambre en la tierra, y Abram descendió a Egipto para residir allí, pues el hambre era grande en la tierra. Y aconteció que cuando estaba por llegar a Egipto, dijo a Sarai su mujer: «He aquí, reconozco que tú eres una mujer bella. Y puede suceder que al verte, los egipcios digan: 'Es su mujer', y me maten a mí, y a ti te conserven la vida. Di, por favor, que eres mi hermana, para que me vaya bien por tu causa y mi vida sea conservada por causa de ti».
> Y aconteció que cuando Abram entró en Egipto, los egipcios vieron que la mujer era muy bella. También la vieron los ministros del

faraón, y la alabaron ante él. Y la mujer fue llevada al palacio del faraón, quien favoreció a Abram por causa de ella. Este obtuvo ovejas, vacas, asnos, siervos, siervas, asnas y camellos.

Entonces Jehová afligió al faraón y a su familia con grandes plagas por causa de Sarai, mujer de Abram. Y el faraón llamó a Abram y le dijo: «¿Por qué me has hecho esto? ¿Por qué no me declaraste que era tu mujer? ¿Por qué dijiste: 'Es mi hermana', poniéndome en ocasión de tomarla para mí por mujer? Ahora pues, aquí está tu mujer. Tómala y vete» (Génesis 12:10-19).

Los eruditos bíblicos nos dicen que el Egipto de ese tiempo era decadente y pagano (Traunecker, 2001). Por lo tanto, no estimaban la vida, y la acción de robarle la esposa a alguien (sobre todo un forastero) era común (Sarna, 1989). Otros comentaristas proponen que al llamarla hermana, Abram podía pretender darla en matrimonio dilatando a los pretendientes hasta que saliera del país (Wenham, 2002). Al fin y al cabo, la realidad es que si Dios no aflige a faraón con grandes plagas, él la hubiese tomado para sí como mujer. Además, el texto dice que Abram recibió beneficio material por dejar que Sarai entrara al palacio o harem de faraón. Esta conducta se puede excusar como atípica y única, como si fuese algo muy aislado y no característico del patriarca. Sin embargo, leemos que el incidente se repite de manera paralela más tarde en el capítulo 20, cuando:

> Abraham partió de allí hacia la tierra del Néguev. Acampó entre Cades y Shur y residió en Gerar. Abraham dijo de Sarai su mujer: «Ella es mi hermana». Y Abimelec, rey de Gerar, mandó y tomó a Sarai. Pero Dios vino a Abimelec en sueños de noche y le dijo:
> –He aquí que vas a morir por causa de la mujer que has tomado, la cual es casada.
> Abimelec, quien todavía no se había acercado a ella, dijo:
> –Señor, ¿acaso has de matar a la gente inocente? ¿Acaso no me dijo él: «Ella es mi hermana», y ella también dijo: «Él es mi hermano»? Con integridad de mi corazón y con limpieza de mis manos he hecho esto.
> Dios le dijo en sueños:
> –Yo también sé que con integridad de tu corazón has hecho esto. Yo también te detuve de pecar contra mí, y no te permití que la tocases. Ahora pues, devuelve la mujer a su marido, porque él es profeta y orará por ti, y tú vivirás. Y si no la devuelves, ten por cierto que morirás irremisiblemente, tú y todos los tuyos.

Entonces Abimelec se levantó muy de mañana, llamó a todos sus servidores y dijo todas estas palabras a oídos de ellos. Y los hombres temieron mucho. Después Abimelec llamó a Abraham y le preguntó:

–¿Qué nos has hecho? ¿En qué te he ofendido para que hayas traído sobre mí y sobre mi reino un pecado tan grande? Has hecho conmigo cosas que no debiste hacer.

Dijo además Abimelec a Abraham:

–¿Qué has visto, para que hicieras esto?

Abraham respondió:

–Porque pensé: «Seguramente no hay temor de Dios en este lugar y me matarán por causa de mi mujer». Y a la verdad, también es mi hermana. Ella es hija de mi padre, pero no de mi madre; así que la tomé por mujer. Cuando Dios me hizo salir errante de la casa de mi padre, yo le dije a ella: «Este es el favor que tú me harás: En todos los lugares a los que lleguemos dirás de mí: "Él es mi hermano"».

Entonces Abimelec tomó ovejas y vacas, siervos y siervas; se los dio a Abraham y le devolvió a Sarai su mujer. Y le dijo Abimelec:

–He aquí mi tierra está delante de ti. Habita donde bien te parezca.

A Sarai le dijo:

–He aquí que he dado 1.000 piezas de plata a tu hermano. He aquí que esto constituye para ti y para todos los que están contigo una venda a los ojos. Así eres totalmente vindicada.

Entonces Abraham oró a Dios, y Dios sanó a Abimelec y a su mujer y a sus siervas para que dieran a luz. Porque Jehová había cerrado por completo toda matriz en la casa de Abimelec a causa de Sarai, mujer de Abraham (Génesis 20:1-18).

En el proceso de las dos historias sobre la realidad de su matrimonio con Sarai, el patriarca crea su cuento con una media verdad y expone a Sarai (por medio de quien se llevaría a cabo la promesa del pacto) a los avances sexuales de los hombres de poder en el lugar donde moraba por necesidad. Esto refleja el peso del miedo en contraposición de la fe. La necesidad de salvar el pellejo puede hacer de un hombre que ha recibido una promesa directa de Dios que se comporte de manera inmoral. No cabe duda que el sabía el peligro para Sarai y que sus motivaciones eran claramente egoístas. Qué interesante que nuestra inmoralidad puede ser expuesta por Dios aun cuando estemos lidiando con personas poco escrupulosas. Cuando Abimelec se enfrenta a Abraham, este se defiende diciendo que sus acciones reflejaban su percepción de la falta del temor de Dios en ese lugar (Génesis 20:9-11). Obviamente, cuando tratamos de exculpar nuestro pecado, acusamos a otras personas de las mismas carencias nuestras en relación a la conducta en cuestión. Si Abraham hubiese temido a Dios en vez de Abimelec, no estaría en esa situación. Por fin Abimelec despide a Abraham y vindica a Sarai (20:14-16), mientras que Abraham intercede por la casa de Abimelec (vv. 17-18). Lo interesante es ver la generosidad y magnanimidad de Abimelec que paga 1000 piezas de plata para restaurar el honor de Sarai (para poner esta cifra en contexto, la suma máxima de ese tiempo por una mujer desposada eran 50 piezas de plata; v.g., Deuteronomio 22.29). Paradójicamente, Abimelec es el que refleja el temor de Dios después de su sueño en esta escena y es el que más interesado está en restaurar el honor de Sarai. Por eso paga una suma inmensa de dinero y luego le dice a Abraham que escoja el terreno donde quiere establecer su hacienda. El contraste entre Abraham y Abimelec en relación a Sarai es obvio.

Si es que este evento resulta peculiar en la vida del patriarca de la fe, es aún más agudo en la vida del hijo de la promesa, Isaac, quien repite la experiencia en un paralelo idéntico con el Abimelec de Gerar (26:1-11). El mismo miedo que Abraham tenía por preservar su pellejo es reflejado en su hijo Isaac. Cuando los hombres de Gerar le preguntan acerca de su esposa, él responde: «Es mi hermana, porque tuvo miedo de decir: Es mi mujer; pensando que tal vez los hombres del lugar lo matarían por causa de Rebeca, pues ella era de hermoso aspecto». En esta ocasión, la revelación para Abimelec fue mas práctica que espiritual, puesto que, en su deseo por Rebeca, Abimelec la estaba vigilando de lejos y se dio cuenta un día que Isaac acariciaba a Rebeca sexualmente.

> Entonces Abimelec llamó a Isaac y le dijo:
> —¡He aquí, de veras ella es tu mujer! ¿Por qué, pues, dijiste: «Es mi hermana»?
> Isaac le respondió:
> —Es que pensé que quizá moriría a causa de ella.
> Abimelec le dijo:
> —¿Por qué nos has hecho esto? Por poco pudiera haber dormido alguno del pueblo con tu mujer, y hubieras traído sobre nosotros culpabilidad.
> Entonces Abimelec dio órdenes a todo el pueblo diciendo:
> —El que toque a este hombre o a su mujer, morirá irremisiblemente (Gn 26:7-9).

Cuando Abimelec confronta a Isaac con su conducta, que hubiese podido resultar en adulterio, Isaac da la misma explicación que dio su padre: tenía miedo de morir a causa de su esposa. Los aspectos de exégesis textual de este pasaje han sido abordados con pericia por otros autores. Aquí cabe destacar que el patrón de conducta del padre se repite casi idénticamente por su hijo. ¿Cómo aprendió Isaac esta conducta de salvarse el pellejo poniendo a su esposa en peligro? La respuesta es clara: ¡de la generación anterior!

Otro personaje, un familiar lejano de José, el sobrino de su bisabuelo Abraham, Lot, no sólo vivió en una ciudad sinónima de decadencia sexual, sino que le ocurrió algo que me imagino no se discutía abiertamente en la familia de José: Sus hijas lo emborracharon para cometer incesto con él y quedaron embarazadas de su propio padre (cf. Génesis 19). De los descendientes espurios de Lot, provienen Moab, padre de los moabitas y Ben-amí, padre de los amonitas, que además de haber tenido alguna deficiencia genética, eran enemigos acérrimos del pueblo de Dios (Números 21:24 y 22-25; Deuteronomio 23:3-6; Josué 13; Jueces 3 y 11; 2 Reyes 3; 2 Crónicas 20).

Los hermanos de José

El problema con la sexualidad, sin embargo, no se limita a los ancestros de José. Leyendo más adelante en la historia generacional de su familia, vemos que Rubén, hijo de Jacob y hermano mayor de José, cometió incesto con una de las esposas de su padre (Génesis 35:22; 49:3-4). Rubén era el primer hijo de Jacob, de parte de Lea. No sabemos qué tipo de relación tenía Jacob con su hijo Rubén, pero sí se nos dice bastante acerca de la relación que Jacob tenía con la madre de Rubén, Lea. Jacob estaba enamorado de Raquel y menospreciaba a Lea, su primera esposa y hermana mayor de Raquel. Nos dice el relato Bíblico que: «Cuando el Señor vio que Lea no era amada, le concedió hijos. Mientras tanto, Raquel permaneció estéril» (Génesis 29:31).

Como en todos los matrimonios con terceras personas, la intriga y la pugna familiar eran partes constantes de la vida amorosa de Jacob. El deseo e infatuación de Jacob con Raquel lo distraían de las necesidades de su primera esposa y de las peripecias y logros de los hijos que tuvo con Lea. Cuando creció Rubén, él sabía del rechazo de su padre para con su madre y también participaba del triángulo doloroso y agonizante en que vivía su madre, Lea. Génesis 30 nos dice inclusive que Rubén buscó mandrágoras. Esta fruta, *mandrágora officinarum*, que en hebreo se dice *dudaim*, era un afrodisíaco natural y silvestre que se usaba para incrementar el deseo sexual y la fertilidad; «… o como dicen algunos, *dudaim*, que se deriva de la palabra *dodim* [amor], son hierbas que actúan como un estimulante para el marido (*Ramban v. 15*)», (Zlotowitz & Sherman, 1995). Por cierto, esta fruta también se menciona en la poesía erótica de Salomón, como estimulante del amor físico entre los amantes (Cantar de Cantares 7:13). Parece ser que sus propiedades afrodisíacas eran bien conocidas en el mundo antiguo, y por ende, Rubén le entrega su hallazgo a su madre con el fin de ayudar a las fortunas amorosas de ésta, que estaba en una batalla encarnada por la atención física de Jacob. Leamos:

> Rubén fue al campo en el tiempo de la siega del trigo, halló mandrágoras y se las llevó a Lea su madre. Y Raquel dijo a Lea:
> –Por favor, dame algunas de las mandrágoras de tu hijo.
> Ella respondió:
> –¿Te parece poco que hayas tomado a mi marido para que te quieras tomar también las mandrágoras de mi hijo?
> Y Raquel dijo:
> –Entonces que duerma contigo esta noche a cambio de las mandrágoras de tu hijo.
> Cuando Jacob volvía del campo al atardecer, Lea salió a su encuentro y le dijo:
> –¡Haz de unirte a mí, porque ciertamente yo te he alquilado a cambio de las mandrágoras de mi hijo! (Génesis 30:14-16).

Las contiendas de las hermanas eran polarizantes, sobre todo para los hijos. Ellos naturalmente iban a identificarse con su madre en contra de su rival. Y aunque intuitivamente podemos entender que el primogénito tiene un sentido natural de protección hacia su madre como hermano mayor y futuro patriarca, debemos recalcar que debió haber desarrollado también un resentimiento particular contra Jacob, no sólo por ignorar a la madre del primogénito, sino también por preferir tan abiertamente a su rival. Como la señal más importante de prestigio familiar de una mujer de su tiempo era la de darle hijos a su marido, Lea tenía gran ventaja sobre Raquel, porque ésta era estéril. Quizá al tomar la iniciativa de llevarle las mandrágoras a Lea, Rubén estaba dando un paso consciente y nada recatado, de alguna forma borrar la desidia pasional de Jacob hacia Lea y la afrenta constante del rechazo sufrida por su madre. En el mundo de las contiendas familiares, ningún gesto relacional es aislado, sobretodo cuando hay conflicto. Eventualmente, el deber conyugal lo cumple Jacob, no por el efecto seductor del *dudaim*, ni por interés en Lea, sino porque Raquel decide «alquilar» (Gn 30:16) a su marido temporalmente con el fin de quedarse ella con las mandrágoras. La razón de esta conducta sólo se abre a especulación y varias de las razones que usted y yo hemos considerado son legítimas. Los exegetas rabinos dicen que quizá Raquel quería perfumar el lecho de Jacob de la manera acostumbrada (v.g., Prov 7:17). Y van más allá aún, especulando que el uso del *dudaim* aumentaría el amor de Jacob por Raquel y su odio por Lea (Sforno, citado por Zlotowitz y Sherman, 1995, p. 1303). Sea como fuere, este incidente demuestra que la tienda de Jacob era la de Raquel y que ella tenía cierto control sobre el tiempo que Jacob pasaba con Lea y sus hijos. Esto debió haber contribuido al vejamen en la vida de Rubén. Sin embargo, en un sistema de balance familiar, Raquel tenía toda la atención y afecto de Jacob, mientras que Lea tenía todos sus hijos.

Es en este contexto de conflicto en el que la humilde Bilá, la sirvienta de Raquel, viene a sabotear despistadamente la ventaja que tenía la madre de Rubén sobre Raquel. Raquel, en la desesperación de su infecundidad, primero le reclama a Jacob que no ha quedado en cinta y luego le ofrece Bilá a Jacob como esposa sustituta para que le de hijos.

[1] Cuando Raquel vio que no podía darle hijos a Jacob, tuvo celos de su hermana. Le rogaba a Jacob:

–¡Dame hijos o moriré!

[2] Entonces Jacob se puso furioso con Raquel.

–¿Acaso yo soy Dios? –le dijo–. ¡Él es el que no te ha permitido tener hijos!

[3] Entonces Raquel le dijo:

–Toma a mi sierva, Bilá, y duerme con ella. Ella dará a luz hijos por mí, y a través de ella yo también podré tener una familia.

[4] Entonces Raquel entregó a su sierva Bilá como esposa para Jacob, y él durmió con ella. [5] Bilá quedó embarazada y le dio a Jacob un hijo. [6] Raquel le puso por nombre Dan, porque dijo: «¡Dios me ha hecho justicia! Oyó mi petición y me dio un hijo». [7] Luego Bilá volvió a embarazarse y dio a Jacob un segundo hijo. [8] Raquel le puso por nombre Neftalí, porque dijo: «He luchado mucho con mi hermana, ¡y estoy ganando!» (Gn 30.1.7 MTV).

En el Medio Oriente Antiguo la sirvienta-esclava era parte de la dote que daba la familia de la novia durante el matrimonio. Esa persona no tenía ningún derecho y *le pertenecía* a su ama. Por eso los hijos de Bilá nacen en las rodillas de Raquel (símbolo de aceptación/adopción) y son considerados hijos de Raquel (Elwell y Comfort, 2001). Por igual, los hijos de Zilpá son considerados hijos de Lea (cf. también Génesis 16, con Agar y Sarai en relación a Ismael).

Siendo el primogénito, Rubén entendía las dinámicas familiares intuitiva y personalmente. Él escuchó los reclamos de Lea para con su padre y seguramente escuchó, en alguna tarde sofocante de calor, el lamento de su madre por las displicencias de Jacob. Allí aprendió de la envidia y el rencor que Lea tenía contra Raquel. Por eso, cuando tiene hijos por Raquel, Bilá re-enfoca para Lea y sus hijos la humillación de pertenecer «al lado despreciado» de la familia.

Como en una novela romántica, la mujer amada de Jacob muere trágicamente al dar a luz a su segundo hijo, Benjamín. Qué difícil y triste habrá sido para Jacob no poder disfrutar de sus hijos con su amada Raquel, después de que ella había añorado tanto el concebirlos.

> [19] Así murió Raquel y fue sepultada en el camino de Efrata, es decir, Belén. [20] Jacob puso sobre su sepulcro una piedra memorial. Este es el memorial del sepulcro de Raquel hasta hoy (Gn 35:19-20).

El relato bíblico que sigue nos dice que después de la muerte de Raquel y en ocasión de que su padre estaba radicado en otro lugar, Rubén comete incesto, acostándose con Bilá.

> [21] Israel partió e instaló su tienda más allá de Migdal-eder. [22] Y sucedió mientras habitaba Israel en aquella tierra, que Rubén fue y se acostó con Bilá, concubina de su padre. Y lo llegó a saber Israel (Gn 35:21-22).

Jacob se había ido a Migdaleder (*torre del rebaño*, Gills, 1991), que estaba a cierta distancia. Lo cierto es que la figura paterna estaba físicamente ausente, como lo había estado emocionalmente durante toda la vida de Rubén. No sabemos con certeza si Rubén forzó sexualmente a Bilá, no sabemos tampoco si este fue un acto de venganza inconsciente o conciente contra su padre por el rechazo de siempre. Ni tenemos una aclaración sobre la frecuencia de tal actividad. Sí sabemos que violando a Bilá de esta manera, Rubén estaba tratando de impedir que ella tomara el lugar de Raquel como mujer preferida de Jacob, y así proteger de alguna manera a su madre Lea (cf. Wenham, 2009). También era una manera visceral de retar a su padre por la sucesión y la herencia de sus muchísimas posesiones. Sin embargo, el incesto en general y este tipo de incesto en específico, era muy mal visto en el medio oriente antiguo. El código de Hammurabi, por ejemplo, que recogía las expectativas de la conducta moral de ese tiempo (v.g., «ojo por ojo y diente por diente»), habla específicamente sobre el tema del incesto en la Ley 158, y dice así:

> Si, después de la muerte de su padre, un hombre es sorprendido copulando con la mujer de su padre que le ha dado hijos, tal hombre será desheredado de la casa de su padre (Richardson, 2004).

Más adelante la ley Mosaica también trata sobre este asunto (Levítico 18:8 y 20:11). En el otro ejemplo Bíblico de este tipo de incesto Absalom destrona a David su padre, y opta por acostarse con las concubinas del rey en un reto específico de desdén y desprecio (2 Samuel 16:21-22). El resultado fue desastroso para el ofensor. Tanto hoy como entonces el incesto era un tabú por no respetar los límites naturales de la sexualidad. Eventualmente, esto le costó caro a Rubén, que como primogénito tenía asegurada la bendición y herencia del padre. Jacob esperó hasta su lecho de muerte para confrontar a Rubén:

> Rubén, mi primogénito: Tú eres mi fortaleza y el principio de mi vigor; principal en dignidad y principal en poder.
> Porque fuiste inestable como el agua, no serás el principal. Porque subiste a la cama de tu padre,
> y al subir a mi lecho lo profanaste (Génesis 49:3-4).

Judá, otro hermano mayor de José también tenía problemas con la sexualidad en su propia familia. Judá es el que recibe la bendición de su padre y por medio de cuyo futuro linaje se llevaría a cabo la promesa del pacto Abrahámico (49:8-12). Los detalles de la familia inmediata de Judá los encontramos en el paréntesis de la novela sobre José (Génesis 38). Judá tenía hijos con problemas de conducta. Tanto así, que Jehová les quitó la vida por ser malos (38:7-11). Parte de su maldad tenía que ver con sus prácticas sexuales (v. 9). En una costumbre antigua conocida como matrimonio de levirato (Elwell & Beitzer, 1998), la viuda no podía casarse con un extraño si existía un hermano que pudiera casarse con ella y mantener el linaje familiar (cf. Deuteronomio 25:5-10; Lucas 20:27-33). Esta era la situación de Tamar, la nuera de Judá. Por eso, al morirse su primer hijo le dice Judá al segundo: «Cásate con la viuda de tu hermano y cumple con tu deber de cuñado; así le darás descendencia a tu hermano» (38:8). Sin embargo, los hijos de Judá no pudieron ni quisieron darle hijos. Nos dice la Biblia que Onán, el segundo hijo de Judá, vertía su semen en tierra después de su coito con Tamar (38:9). Por esto, Dios le quitó la vida. Cuando Tamar, se queda viuda por segunda vez ella tenía que esperar hasta que el hijo menor de Judá, Selá, creciera. Mas como cada hijo que se casaba con Tamar moría, Judá creyó que el hijo menor tendría el mismo destino:

> [11] Entonces habló Judá a Tamar su nuera, diciendo:
> —Permanece viuda en la casa de tu padre hasta que crezca mi hijo Selá.
> Porque pensaba: «No sea que muera él también como sus hermanos» (Gn 38:11).

Judá entonces ignora a Tamar, enviándola a casa de su padre. Este acto fue considerado injusto y humillante (v. 14), porque sólo las viudas sin posibilidad de heredad regresaban a casa de su padre (v.g., Von Rad, 1949; p. 358). Aunque Judá le ofrece esta opción como una solución temporal, el texto nos da a entender más adelante, que él no tenía intención de darle a Tamar su último hijo, y que la había ignorado adrede por cierto tiempo. En todo caso, la idea de un joven casándose con una matrona para darle descendencia a su hermano muerto, habrá sido un caso de expectativas totalmente opuestas.

Eventualmente, la esposa de Judá muere, y después de hacer su duelo, él va al pueblo de Timnat a trasquilar las ovejas, un acto de festejo donde fluía el vino libremente y se perdían las inhibiciones (Wenham, 2002b). Cuando Judá ve a una mujer con un velo en el camino, el asume que es una prostituta y de inmediato le propone: «Déjame que me acueste contigo». Judá no tenía ningún problema en satisfacer sus necesidades básicas y va al grano. Lo que sigue es una transacción milenaria, donde Judá, en efecto, paga por los favores sexuales de Tamar, sin reconocer su identidad. Leamos:

> Así que [Tamar] se quitó la ropa de viuda y se cubrió con un velo para disfrazarse. Luego se sentó junto al camino, a la entrada de la aldea de Enaim, la cual está rumbo a Timnat. [15] Judá la vio y creyó que

era una prostituta, porque ella tenía el rostro cubierto. [16] Entonces se detuvo y le hizo una propuesta indecente:

—Déjame tener sexo contigo –le dijo–, sin darse cuenta de que era su propia nuera.

— ¿Cuánto me pagarás por tener sexo contigo? –preguntó Tamar–.

[17] —Te enviaré un cabrito de mi rebaño –prometió Judá–.

— ¿Pero qué me darás como garantía de que enviarás el cabrito? —preguntó ella–.

[18] — ¿Qué clase de garantía quieres? –respondió él–.

Ella contestó:

—Déjame tu sello de identidad junto con su cordón, y el bastón que llevas.

Entonces Judá se los entregó. Después tuvo relaciones sexuales con ella, y Tamar quedó embarazada. [19] Luego ella regresó a su casa, se quitó el velo y se puso la ropa de viuda como de costumbre (Génesis 38:15-18, NTV).

Cuando se descubre luego que Tamar está en cinta, Judá ordena que la saquen y la quemen porque su embarazo representaba promiscuidad. Quizá Judá estaba pensando que con eso rescataría a su hijo menor de la obligación de darle hijos y lo libraría a él de cumplir su palabra de honor de dárselo en matrimonio a una mujer ya avanzada en edad, y al que se le morían todos los maridos. Cabe destacar, que Judá cumplió con la promesa de mandar el cabrito a la «prostituta» para salir de un apuro y recobrar sus pertenencias, que en ese entonces eran como tarjetas de crédito (el anillo del v. 18, era un sello personal que se llevaba en un cordón y representaba status social, Wenham; 2002b, p. 367). Pero cuando sacan a Tamar y estaban para condenarla a muerte debido a su preñez, leemos el clímax de la historia: «El dueño de estas prendas fue quien me embarazó. A ver si reconoce usted [Judá] de quién son este sello, el cordón del sello, y este bastón» (38:25). Tamar, es exonerada y es la nuera, no la esposa de Judá, quien tiene los hijos gemelos (Fares y Zeraj) que llegan a ser parte de la herencia de Judá (Génesis 46:12). He aquí el trasfondo de una familia bíblica.

Por su puesto que no sólo los varones tuvieron problemas en el área de la sexualidad dentro de esta familia. Tenemos el caso de Dina, la única hermana de José mencionada por su nombre, quien fuera víctima de violencia sexual por un extraño, lo que precipitó la masacre de toda una ciudad como venganza ejecutada por sus hermanos Simeón y Leví. Su belleza, que sin duda era igual a la de las otras mujeres en el linaje de José (Sarai, Rebeca y Raquel) la hizo notoria ante Siquén, quien no se pudo controlar y la violó (Génesis 34:1-2).

Vemos entonces, a través de la vida de distintos miembros de la familia de José que el tema de la sexualidad era problemático en varias generaciones anteriores y en su propia generación como lo hemos destacado arriba. El cuadro 3.1 nos muestra a manera de sinopsis los conflictos de sexualidad en la familia extendida de José.

Cuadro 3.1. Problemas de sexualidad en la familia de José

Cita	Varón/ Parentesco	Mujer/ Parentesco	Relación con varón	Conducta	Resultado
Génesis 19:30-35	Lot (sobrino del bisabuelo)	Hija Mayor Hija Menor	Hijas	Incesto	Moab (moabitas) Ben-ami (amonitas)
12:10-20	Abraham (bisabuelo)	Sarai	Esposa	Posible Adulterio	Aflicción a faraón; confrontación
20:1-18	Abraham (bisabuelo)	Sarai	Esposa	Posible Adulterio	Sueño de Abimelec; confrontación
26:1	Isaac (abuelo)	Rebeca	Esposa	Posible Adulterio	Confrontación
35:21-22	Rubén (hermano)	Bilá	Madrastra	Incesto	Pérdida de Primogenitura
38	Judá (hermano)	Tamar	Nuera	Incesto	Fares Zeraj

La familia extendida de José, como la nuestra, tuvo miembros que tomaron malas decisiones acerca de su sexualidad, y al hacerlo afectaron a otras personas o a otras generaciones. Sin embargo, todos esos elementos forman parte de la historia familiar. Hay elementos de la sexualidad en la familia que resultan vergonzosos o escandalosos, como lo hemos visto en las vidas de Lot, Rubén, y Judá, por ejemplo. Hay otros elementos que son muy dolorosos y devastadores como lo que le sucedió a Dina con Siquén o a Bilá con Rubén. Sin embargo, ninguna de esas cosas está escondida de Dios o más allá de su misericordia. Tampoco tienen que repetirse los patrones disfuncionales de la sexualidad en otras generaciones. Donde se pueda tomar decisiones y cuando sea factible optar, las personas pueden hacer lo correcto. Esto lo vemos con el mismo José, cuando es tentado a tener sexo con su patrona a expensas de su propio pellejo. En vez de tener miedo de las consecuencias y tratar de salvarse así mismo (como su abuelo y bis-abuelo), José decidió salirse de esa situación viscosa y mantener su dignidad. Ya no vivimos en el mundo oriental antiguo y por lo tanto situaciones de abuso o violación pueden y tienen que ser denunciadas a las autoridades. Cuando esto pasa, trae divisiones y conflicto a la familia. Sin embargo, ocultarlo o taparlo para que unos se sientan bien a expensas de la salud física y mental de otros es un pecado aún mayor.

El propósito de presentar este material es el de alertar al lector acerca de la realidad de todas las familias, incluyendo la de «las familias bíblicas». Espero nos quede claro que algunos de estos elementos de disfuncionalidad pueden estar presente en un rincón de nuestro cuadro familiar, pero eso no nos descalifica para lograr grandes propósitos, ni nos debe paralizar de vergüenza. Sí nos debe motivar a aclarar lo que ha pasado, a dejar de esconderlo y a buscar ayuda profesional que nos aconseje, si es necesario. Las heridas causadas por un trauma, el abuso o el libertinaje sexual duelen y carcomen el alma mucho más cuando se esconden o se enquistan. Sin ayuda, esos problemas sabotean nuestras relaciones y nos impiden superar etapas. ¿Qué persona te hizo daño? ¿Habrá algún consejero o profesional de la salud mental que te pueda ayudar? Es un peso muy grande llevar todos esos resentimientos y heridas por tu cuenta. Sin embargo, no tienes que acarrear con la culpa ni la vergüenza más. Es tiempo de traer luz a esa área sombría de tu vida y encontrar ayuda.

Capítulo 4
El engaño

Otro patrón evidente en la familia extendida de José es el *engaño*. Este patrón de conducta estaba arraigado en la familia de José por varias generaciones. El engaño es usado por distintos miembros de esta familia extendida para salvar su propio pellejo, para sacar ventaja espiritual, para vengarse, para rectificar situaciones injustas y para sacarle ventaja económica al otro. Desde el significado del nombre de *Jacob* (suplantador, impostor), hasta los detalles más íntimos y espirituales de esta familia estaban marcados por algún matiz de engaño. El engaño era parte de la forma en que esta familia se relacionaba entre sí. Cada generación aprendió cómo los adultos usaban el engaño en su vida cotidiana y lo usó en su lidiar con los de su propia generación. Eso también ocurre en nuestras familias.

El engaño en generaciones anteriores

Temerosos por su vida, Abraham e Isaac mintieron en cuanto a su relación con sus esposas para engañar a los gobernadores de la tierra a donde emigraron (cf. capítulo anterior) y así salvar su vida. Jacob, cuyo nombre significa impostor, le quitó la primogenitura a su hermano Esaú con un plato de lentejas, lo que tiene una connotación de triquiñuela o trampa:

> [29] Y guisó Jacob un potaje; y volviendo Esaú del campo, cansado, [30] dijo a Jacob: Te ruego que me des a comer de ese guiso rojo, pues estoy muy cansado. Por tanto fue llamado su nombre Edom. [31] Y Jacob respondió: Véndeme en este día tu primogenitura. [32] Entonces dijo Esaú: He aquí yo me voy a morir; ¿para qué, pues, me servirá la primogenitura? [33] Y dijo Jacob: Júramelo en este día. Y él le juró, y vendió a Jacob su primogenitura. [34] Entonces Jacob dio a Esaú pan y del guisado de las lentejas; y él comió y bebió, y se levantó y se fue. Así menospreció Esaú la primogenitura (Génesis 25:29-34; RVA).

Jacob anheló los beneficios de la primogenitura más que Esaú, quien no la entendía ni la apreciaba adecuadamente. La *bĕkōrâ* o primogenitura es un privilegio especial en el mundo del Antiguo Medio Oriente. En términos generales, el primogénito recibe la doble porción de la herencia, tiene señorío sobre sus hermanos, y en caso de un reinado, es el sucesor de su padre. El primogénito también heredaba el lugar de liderazgo y autoridad espiritual en su familia o tribu (Freeman y Chadwick, 1998). En el caso específico de Esaú, la primogenitura tenía que ver con la bendición especial del padre y con el pacto mediado por el linaje de Abraham, prometido por Dios. Es decir, que tenía consigo la promesa de prosperidad y dominio, y es otorgado por Dios, de acuerdo a al Pentateuco o Torá (Ryken et al., 2000a, p. 97). Por cierto, de acuerdo a la Torá, el primer hijo debía ser dedicado a y apartado para Dios (Éxodo 13:12). Dios usa el término de primogénito en relación a su pueblo Israel (Éxodo 4:21-23), de manera que Él toma ese concepto y su significado seriamente; por eso rechazó a Esaú (Malaquías 1:2-3). En efecto, la única alusión a la palabra primogenitura en el Nuevo Testamento, Hebreos 12:16, amonesta a los creyentes a no ser profanos como Esaú, sacrificando lo eterno en el altar de lo temporal. Este tema de no entender el valor de la primogenitura lo vemos no solamente con Esaú que tiró la casa por la ventana por satisfacer sus necesidades más básicas, sino también con Rubén, quien forzó incestuosamente a la esposa de su padre y perdió su primogenitura (Gn 49:3-4). La prueba de carácter como factor crítico para la bendición de la primogenitura lo vemos con Abraham en el monte Moriah (Gn 22), con Jacob en Peniel (Gn 32), y con José en casa de Putifar (Gn 39).

Ahora bien, esta contienda entre Jacob y Esaú reflejaba también la dinámica entre Isaac y Rebeca con relación a sus hijos. Isaac amaba a Esaú, mientras que Rebeca amaba a Jacob (25:28). No sabemos si es que Rebeca amaba a Jacob porque lo percibía como más frágil ante la brusquedad y virilidad de su hermano Esaú, que era un cazador atlético, y físicamente muy activo e interesado en actividades al aire libre; mientras que Jacob era un hombre quieto, que habitaba en tiendas (25:27). En tiempos modernos Esaú sería un jugador de fútbol americano, mientras que Jacob sería el niño casero que practica el violín y juega al ajedrez o programa algoritmos de computadoras. La palabra hebrea traducida como quieto (*tam*) se usa para describir a alguien que es perfecto, completo e irreprochable (Brown, Driver, & Briggs, 2000). Como esto es inconsistente con el carácter de Jacob, lo más probable es que el significado de *tam* aquí refleje la idea de un «niño bonito» que tenía la aptitud paciente de pastor de ovejas, cultivada por su padre y su abuelo. Es la persona tranquila que no se entremete en aventuras estresantes o en conflictos (Swanson, 1997). Es notable que Jacob compartiera esta característica con quien más adelante sería su hijo favorito, José. Es posible que Rebeca haya percibido a Esaú como un hijo rudo y áspero que fastidiaba a Jacob. Cuando ella percibió un contraste grande entre sus hijos, optó por proteger al más débil y ayudarlo a compensar sus carencias usando el engaño.

El libro de Génesis nos da a entender que con el tiempo, Esaú causó gran consternación a sus padres a causa de sus decisiones matrimoniales:

> [34] Y cuando Esaú era de cuarenta años, tomó por mujer a Judit, hija de Beeri heteo, y a Basemat, hija de Elón heteo; [35] y fueron amargura de espíritu para Isaac y para Rebeca (Génesis 26:34-35, NVI).

A Rebeca se le haría imposible pensar que con tales personas el nombre de la familia continuase en la posteridad. Además de tener ventaja física y de ser más extrovertido que Jacob, darle una ventaja espiritual a Esaú representaba un desbalance familiar enorme para las sensibilidades de Rebeca que ya estaba sufriendo con las decisiones de su hijo mayor. Sin duda, ésta fue una razón clave para su decisión de engañar a Isaac, sembrando en Jacob la idea de suplantar a Esaú, como lo constata el texto bíblico (26:46, NVI):

> [46] Luego Rebeca le dijo a Isaac:
> –Estas mujeres hititas me tienen harta. Me han quitado las ganas de vivir. Si Jacob se llega a casar con una de las hititas que viven en este país, ¡más me valdría morir!

Si alguien pensaba que los conflictos entre suegras y nueras eran particulares a su propia experiencia, este versículo nos recuerda que los patrones de conducta trascienden la cultura y el tiempo, simplemente porque la naturaleza humana es consistente.

Sin embargo, las nueras de Rebeca o la preferencia por su hijo menor, no eran las razones principales por las que Rebeca promueve la treta de Jacob, para obtener la bendición de la promesa, engañando a Isaac. Existe también una razón espiritual: Rebeca sufrió mucho durante su embarazo, lo que le causó gran congoja y temor. Esto la llevó a inquirir del Señor sobre su situación y Dios le respondió:

Dos naciones hay en tu seno;
dos pueblos se dividen desde tus entrañas.
Uno será más fuerte que el otro,
y el mayor servirá al menor (Génesis 25:23, NVI).

Como toda madre que guarda en su corazón aspectos importantes sobre las vidas de sus hijos, Rebeca de seguro atesoró el presagio sobre sus únicos hijos y se dedicó devotamente a su cuidado. Ella estuvo pendiente de los detalles durante el desarrollo de ambos hermanos y su preferencia por Jacob se hizo más clara mientras las diferencias entre ellos aumentaban como producto de su edad. Al llegar el momento crítico de la bendición espiritual del padre, que tenía el peso del pacto de Dios con Abraham, Rebeca se angustió y decidió rectificar de cualquier manera lo que contradecía la promesa que Dios le hiciese durante su embarazo. Nótese que Dios primero le habló a Rebeca y luego a Isaac en el relato de Génesis. Mientras que el mensaje para Rebeca fue directo y claro sobre sus hijos, el mensaje para Isaac durante su teofanía fue general y filial: «Yo soy el Dios de Abraham tu padre; no temas, porque yo estoy contigo, y te bendeciré, y multiplicaré tu descendencia por amor de Abraham mi siervo» (26:24). La sensibilidad espiritual de Isaac no se detalla en el texto de Génesis. Ciertamente, su estatura espiritual no se desarrolla en el texto como la de Abraham, la de Jacob y luego la de José. Quizá Rebeca como su esposa, lo conocía mejor y sabía que Isaac no era la persona suficientemente sensible al plan de Dios como para estar dispuesto a obedecerlo aún cuando eso significara ir en contra de sus deseos personales y de su cultura. Por eso Isaac iba a bendecir a Esaú y Rebeca quiso rescatar esa bendición para quien le pertenecía –para Jacob–, porque le había sido prometida desde que Jacob estaba en sus entrañas.

El libro de Génesis nos presenta muchas paradojas dentro de la familia extendida de José. Promesas de descendencias multitudinarias son hechas a hombres con esposas estériles (Abraham, Isaac y Jacob), o con hijos que mueren jóvenes (los hijos de Judá). Sueños de grandeza son dados a individuos que terminan como esclavos y luego prisioneros (José). Profecías o presagios de prosperidad y dominio son dadas a personas débiles que culturalmente nacen en posición de desventaja –hijos menores (Isaac, Jacob, José, Fares, Efraín)–. Es muy factible que la promesa que Dios le hizo a Rebeca no tuviese sentido para Isaac porque el prefería a Esaú, y legítimamente el era el primogénito de los gemelos. En la familia de Isaac, el primogénito Esaú tenía también toda la atención de su padre. Cuando llegó el momento de pasar la bendición a los herederos, la contienda entre los padres por el futuro de sus hijos preferidos fue tan enconada como entre los mismos hermanos.

Rebeca entonces, motivó y animó a Jacob para que engañara a su padre con el fin de robarle la bendición de la primogenitura a Esaú:

> [6] Entonces Rebeca habló a Jacob su hijo, diciendo: He aquí que yo he oído a tu padre que hablaba con Esaú tu hermano, diciendo: [7] Tráeme caza y hazme un guisado, para que coma, y te bendiga en presencia de Jehová antes que yo muera. [8] Ahora, pues, hijo mío, obedece a mi voz en lo que te mando. [9] Ve ahora al ganado, y tráeme de allí dos buenos cabritos de las cabras, y haré de ellos viandas para tu padre, como a él le gusta; [10] y tú las llevarás a tu padre, y comerá, para que él te bendiga antes de su muerte (27:6-10, RVR).

Jacob quedó tan inquieto con la propuesta de su madre, que su sentido de supervivencia primero y su conciencia después le obligaron a preguntarle a Rebeca: «He aquí, Esaú mi hermano es hombre velloso, y yo lampiño. Quizá me palpará mi padre, y me tendrá por burlador, y traeré sobre mí maldición y no bendición» (27:11-12). Sin embargo, Rebeca había planificado elaboradamente todos los detalles de la farsa. Como todo dependía de la complicidad y valentía de Jacob para llevar a cabo el artificio, Rebeca le respondió con autoridad exonerante: «Hijo mío, sea sobre mí tu maldición; solamente obedece a mi voz y ve y tráemelos» (27:13).

Ni corto, ni perezoso, Jacob eliminó cualquier inquietud de su mente y tomó ventaja de la propuesta creyendo que la responsable moralmente de lo que sucediera sería realmente su madre, la instigadora del engaño. Jacob obedeció y entonces Rebeca empezó una competencia culinaria con su hijo mayor, cocinando el mejor guisado que jamás había hecho. Como Isaac estaba ya ciego por su edad, Rebeca había planificado usar una artimaña multisensorial. Isaac recibió al impostor e indagó varias veces sobre su identidad. Primero lo hace escuchando y usando la lógica:

> [18] Entonces éste fue a su padre y dijo: Padre mío. E Isaac respondió: Heme aquí; ¿**quién eres**, hijo mío? [19] Y Jacob dijo a su padre: Yo soy Esaú tu primogénito; he hecho como me dijiste: levántate ahora,

y siéntate, y come de mi caza, para que me bendigas. [20] Entonces Isaac dijo a su hijo: ¿Cómo es que la hallaste tan pronto, hijo mío? Y él respondió: Porque Jehová tu Dios hizo que la encontrase delante de mí (Gn 27:18-20, RVR).

Como Isaac no quedó muy convencido con la respuesta, pues Jacob no pudo disfrazar su voz, Isaac indaga de nuevo pero esta vez a través de su tacto:

[21] E Isaac dijo a Jacob: Acércate ahora, y te palparé, hijo mío, por si eres mi hijo Esaú o no. [22] Y se acercó Jacob a su padre Isaac, quien **le palpó**, y dijo: **La voz es la voz de Jacob**, pero las manos, las manos de Esaú. [23] Y no le conoció, porque sus manos eran vellosas como las manos de Esaú; y le bendijo (Gn 27: 21-23, RVR).

Isaac todavía no quedó convencido, y una vez más pregunta por la identidad de su hijo; esta vez utilizando el sentido del gusto:

[24] Y dijo: ¿Eres tú mi hijo Esaú? Y Jacob respondió: Yo soy. [25] Dijo también: Acércamela, y comeré de la caza de mi hijo, para que yo te bendiga; y Jacob se la acercó, e Isaac **comió**; le trajo también vino, y **bebió** (Gn 27:24-25, RVR).

Finalmente, Isaac quiere eliminar cualquier duda, buscando confirmación de la identidad de su hijo a través del olfato. El olor personal es una característica única y para muchas personas inconfundible. Isaac conoce bien el olor de Esaú y por eso quiere constatarlo:

[26]Y le dijo Isaac su padre: Acércate ahora, y bésame, hijo mío. [27] Y Jacob se acercó, y le besó; y **olió** Isaac el olor de sus vestidos (Gn 27:25-27, RVR).

Este relato pone en evidencia que Rebeca no ignoró ningún detalle para lograr el engaño de Isaac, obteniendo el resultado esperado:

Y le bendijo, diciendo:
Mira, el olor de mi hijo,
como el olor del campo que Jehová ha bendecido.
[28] Dios, pues, te dé del rocío del cielo,
y de las grosuras de la tierra,
y abundancia de trigo y de mosto.
[29] Sírvante pueblos,

y naciones se inclinen a ti.
Sé señor de tus hermanos,
y se inclinen ante ti los hijos de tu madre.
Malditos los que te maldijeren,
y benditos los que te bendijeren (Gn 27:27-29, RVR).

Esa bendición, que es crítica en la historia de la salvación, la obtiene Jacob con una farsa, como sin entender el compromiso que traía la misma, casi sólo por obedecer a su madre. No que no la haya deseado, sino que al cometer un robo de identidad tan burdo para sacarle ventaja a su propio padre, la conciencia tuvo que haberle remordido intensamente mientras deseaba que su padre se apurara en terminar de comer para salir lo más pronto de su tienda. Pero si Jacob cumplió su parte del complot contra la otra mitad de la familia, ganando la bendición del padre, también se ganó la ira homicida de su hermano mayor.

El engaño de Jacob

Después que Jacob engañó a su hermano y a su padre, Génesis nos deja saber que Jacob mismo fue objeto de engaño cuando menos lo esperaba. La victimización de Jacob empezó en manos de su tío Labán. Leemos en el capítulo 29 de Génesis, que el primer encuentro de Jacob con Raquel en la boca del pozo, en tierra de los orientales (Padán Arán, Gn 29), fue muy emocional. No sólo besó Jacob a Raquel la primera vez que se vieron (una indicación de su atracción física y «amor a primera vista» por Raquel, puesto que él la besa y luego se presenta como familiar; definitivamente una acción audaz para las costumbres rígidas que dictaban las relaciones heterosexuales de ese tiempo), sino que él lloró lágrimas de gozo y alivio (Reyburn y Fry, 1998, p. 667), al llegar a Mesopotamia, después de un arduo viaje de más o menos 750 km a pie desde Beerseba (Canaán). Después del encuentro, Raquel corrió a avisarle a su padre las nuevas de un familiar lejano que había llegado y estaba en el pozo.

Labán, el hermano de Rebeca, se acordó de inmediato que en el pasado cuando había ocurrido algo similar, el viajero había pagado una dote muy grande de oro y otros regalos para llevarse a Rebeca como desposada de Isaac (Génesis 24). Al ver a Jacob, Labán lo abraza, lo besa y lo lleva a su casa. Su sorpresa debió haber sido grande al constatar que ninguna caravana de camellos y ninguna fortuna acompañaba a Jacob en esta ocasión (Wenham, 2002b). Jacob, como todo inmigrante, no tenía en ese momento sino un tesoro de potencial futuro. Al entender que Jacob estaba muy necesitado y vulnerable, Labán le dijo: «Ciertamente hueso mío y carne mía eres» (29:14a), dándole a entender que no le quedaba otra que aceptarlo. «Y estuvo con el por un mes» (v. 14b).

Labán, el tío de Jacob, decidió sacarle ventaja a su sobrino que no tenía donde caerse muerto. Después de tenerlo trabajando en su hacienda por un mes, Labán, un virtuoso del engaño mucho más sagaz que Jacob, por fin discutió el salario del sobrino (Briscoe y Oglivie, 1987). «¿Por ser tú mi hermano, me servirás de balde? Dime cuál será tu salario» (29:15). Jacob le dijo lo que había venido pensando todo el tiempo desde que se encontró con la bella chica en el pozo:

> [18]Y Jacob amó a Raquel, y dijo: Yo te serviré siete años por Raquel tu hija menor. [19] Y Labán respondió: Mejor es que te la dé a ti, y no que la dé a otro hombre; quédate conmigo. [20] Así sirvió Jacob por Raquel siete años; y le parecieron como pocos días, porque la amaba (Génesis 29:18-20, RVR).

Los siete años representan el precio de la novia, o el *mohar*, tanto como un contrato entre los futuros yerno y suegro. Sólo que para uno el acuerdo era un contrato solemne, mientras que para el otro era una idea sumamente ambigua (Sarna, 1989, p. 204). Al transcurso de siete años de arduo trabajo, Labán le demuestra a Jacob cómo él interpretaba ese acuerdo. La burla unida a la estafa la leemos en uno de los pasajes más tragicómicos de la Biblia. Labán esperó hasta la noche de bodas de su hija, para cambiarle la esposa que le había prometido a Jacob. ¡Una trampa digna de telenovela! Aparentemente el mosto de la fiesta o la premura amorosa de la espera bloquearon el pensamiento inquisitivo de Jacob durante su noche de bodas, en un mundo sin electricidad, y el impostor fue burlado descorazonadamente, como lo verificó al amanecer:

> [25] Venida la mañana, he aquí que era Lea; y Jacob dijo a Labán: ¿Qué es esto que me has hecho? ¿No te he servido por Raquel? ¿Por qué, pues, me has engañado? [26] Y Labán respondió: No se hace así en nuestro lugar, que se dé la menor antes que la mayor. [27] Cumple la semana de ésta, y se te dará también la otra, por el servicio que hagas conmigo otros siete años (Gn 29:25-28, RVR).

Nada le molesta más a un ladrón que le roben. Y por igual, nada hay más exasperante para un engañador que lo engatusen fácilmente. Jacob se habrá preguntado una y otra vez ese día que cómo no se dio cuenta, que por qué no le habló un poco más a la mujer en el lecho matrimonial para cerciorarse que era su amada Raquel. La rabia que sentía para consigo mismo era igual o más que la que sentía contra Labán y Lea, lo que marcó desde ese día el estilo de relación que él tendría con su esposa accidental. Jacob consideró muchas cosas ese día. Celebrar su luna de miel, sin embargo, no era una de ellas. A la mujer que tenía, no la quería. Y la mujer a quien realmente amaba estaba tan lejos en el tiempo, tan distante, tan retirada de su lecho después de haberla anhelado ardientemente, que resentir y rechazar la presencia de Lea era una respuesta natural. Lea le diría: «Anoche no te quejaste», pero cualquier comentario en su defensa sólo le añadiría sal a la herida del desengaño. Lea personificaba la burla más grande que Jacob había experimentado en su vida. Si nos ponemos en su lugar, podremos entender muy fácilmente lo que sería encontrarnos con la persona que menos imaginábamos compartiendo el lecho de bodas y llevándose todo el afecto y emoción que fueron dados con gran pasión, pero con otra persona en mente. Toda la gama de emociones que están a nuestro alcance las sintió Jacob, pero con mucha más intensidad, porque Raquel era el amor de su vida, y esta burla que retrasaba su unión tenía un tinte de crueldad que sólo los amantes enamorados pueden captar en su espera interminable por consumar su amor con el ser anhelado. Aunque Jacob jamás pensó en otra persona que Raquel, de todas formas ella debió haberse sentido traicionada por su prometido. «¿Cómo así no te enteraste que no era yo? ¿Es que acaso no te diste cuenta que Lea, la fea, no se parece en nada a mí?», le habrá preguntado Raquel. Si es que el relato tiene algo de jocosidad para el lector, representaba una píldora amarga para cada protagonista de este nuevo triángulo amoroso, que sembró las semillas de una vida familiar totalmente disfuncional. Así es el engaño en las familias, tiene un beneficio inmediato, pero un costo que se paga a largo plazo.

Como si el engaño amoroso fuese poco, las triquiñuelas de Labán para con Jacob no se limitaban a los lazos familiares. Labán, el patrón de Jacob, era un explotador y como todo explotador era muy tramposo en sus reglas de pago con sus empleados. Labán le cambió rutinariamente las reglas del salario a Jacob a través de los años, con el fin de sacarle aún más ventaja (Génesis 30: 21-35). En el mercado de trabajo hay un contrato que requiere un respeto universal y básico en el canje de labor por salario. Como la naturaleza humana es la misma a través de los siglos, en nuestro tiempo existen leyes para regir la remuneración adecuada del trabajador, y aun así existe amplia explotación. Labán no se regía por ninguna ley, sino la de la conveniencia. Esta es una situación común para quienes emigran a lejanas tierras con la confianza de que sus familiares les ayudarán a salir adelante, y luego se encuentran bajo el yugo opresor de los mismos parientes. A Jacob, que era un inmigrante en ese tiempo, como a los inmigrantes a través de la historia, no le quedaba otra que atenerse a las condiciones que le tocaron, mientras ahorraba para salir de esa situación. Este proceso constante de explotación tomó lugar en un plazo de 20 años, sin importarle a Labán el impacto de sus acciones en la vida de Jacob y su familia. Como a todo explotador, lo único que le motivaba a Labán era su propio bienestar económico. Jacob se lo recuerda cuando está listo para irse de la casa de su suegro:

> [41] Así he estado veinte años en tu casa; catorce años te serví por tus dos hijas, y seis años por tu ganado, y has cambiado mi salario diez veces. [42] Si el Dios de mi padre, Dios de Abraham y el temor de Isaac, no estuviera conmigo, de cierto me enviarías ahora con las manos vacías (Génesis 31:41-42, RVR).

Labán tenía múltiples niveles de contacto y relación con Jacob (como ocurre en todos los negocios o empresas familiares). Era su tío, su empleador, su suegro, y el abuelo de sus hijos, que crecieron en la hacienda de Labán. Sus acciones modelaron para los hijos de Jacob cómo sacarles ventaja a familiares a través del engaño. Por cierto, Rebeca, la instigadora del engaño en contra de Esaú e Isaac, era la hermana de Labán, lo que sugiere que los miembros de esa familia no pensaban dos veces para tratarse falazmente. Por eso, leemos más tarde, que también Raquel engañó a su padre Labán en cuanto a sus amuletos religiosos (31:34-35). Entonces, es solamente natural esperar que el engaño, como dinámica familiar, se manifestara en la familia de José en múltiples formas y a través de varias generaciones.

Los hermanos de José

Entendemos del capítulo 37 de Génesis, que los hermanos de José tenían mala fama, específicamente, Dan, Neftalí, Gad y Aser. No sabemos exactamente a qué conductas se refiere su mala fama (Westerman, 1982; Von Rad, 1949), pero en la mayoría de los problemas de conducta juvenil existe alguna forma de engaño.

En el caso de Simeón y Leví, leemos en Génesis 34 que al regresar del campo se enteraron que su hermana Dina había sido violada cuando había ido de paseo a la ciudad. Nos dice la Biblia que ellos actuaron como cualquier varón ante tales noticias: quedaron muy dolidos y llenos de ira (34:7). Siquén, el ofensor, y Jamor su padre fueron a pedirle a Jacob y a sus hijos la mano de Dina en matrimonio después del asalto sexual. Pero Jacob parece que era un padre bastante pasivo, quedándose callado en relación a lo que sucedió con sus hijos (primero con Dina, 34:5, y luego con Rubén, 35:21; cf. Swindoll, 2001). Entonces sus hijos tomaron la iniciativa en responder a Siquén y Jamor en cuanto a Dina. ¿Cómo resolvieron Simeón y Leví sus emociones ante tales eventos? Leamos el texto:

> Sin embargo, por el hecho de que su hermana Dina había sido deshonrada, los hijos de Jacob **les respondieron con engaños** a Siquén y a su padre Jamor (Gn 34:13; NVI).

Simeón y Leví convencieron a los varones de la ciudad que la única manera en que le otorgarían a Dina como esposa para Siquén sería si él y todos los varones de esa ciudad se circuncidaban. Cuando más débiles y febriles estaban por los estragos de la auto-cirugía genital, el dúo vengador entró y saqueó la ciudad matando a todos los varones en un acto rapaz de violencia desaforada.

> [26] También mataron a filo de espada a Hamor y a su hijo Siquem, y tomando a Dina de la casa de Siquem, se fueron. [27] Y los hijos de Jacob pasaron sobre los muertos y saquearon la ciudad, porque habían mancillado a su hermana. [28] Tomaron sus ovejas, sus vacas, sus asnos, lo que había en la ciudad y lo que había en el campo. [29] Llevaron cautivos a todos sus niños y a sus mujeres, y saquearon todos sus bienes y todo lo que había en las casas (34:26-29, RVA).

¿Cómo consiguieron tan pocos destruir a tantos? ¡Usando el engaño!

Mientras que Labán modeló el engaño como método relacional, no toda la perfidia la heredaron los nietos del abuelo materno o de otros parientes. No existe un determinismo conductista. Cada uno es responsable de sus propias decisiones en como llevarse con los demás. Por lo tanto, cada uno debe atenerse a las consecuencias de sus acciones (cf. Génesis 49).

En el texto de la historia de José, leemos que los diez hermanos deciden engañar a José (37:18) para hacerle daño y deshacerse de él. Luego los diez hermanos se pusieron de acuerdo para engañar a su padre Jacob (37:31-33) sobre lo acontecido a José. Si es que Jacob sembró engaño, también lo cosechó abundantemente en su vida. Esto nos reta personalmente, puesto que hay patrones en la historia de nuestra familia que se han repetido consistentemente, sembrando estragos en cada generación. ¿Qué patrón disfuncional existe en mi propia familia?

El familiar enmascarado

El engaño de Labán para con Jacob contribuyó al rechazo que Jacob sentía por Lea, porque tenerla a su lado significaba revivir la burla de su suegro, y enojarse aún más por la distancia física y temporal con Raquel. Ya nos damos cuenta, sin embargo, que hay un tema de engaño en esta familia que involucra a lo que yo denomino «*el familiar enmascarado*». Podemos comprobar que en la historia de la familia extendida de José nos encontramos con varios personajes engañando a familiares con el uso de disfraces.

Ya discutimos al principio de este capítulo cómo Jacob engañó a su padre disfrazándose como Esaú para así obtener la bendición de Isaac. Él se cubrió con el vello de un cordero, usó la comida preparada por su madre y dependió de su astucia innata para sacarle ventaja al ciego Isaac a costa de Esaú, en complicidad con su madre Rebeca (Génesis 27). El precio que pagó fue el odio intenso de su hermano y la necesidad inmediata de salir de Canaán.

Lea se vistió de amor con la oscuridad nocturna para hacerse pasar por su hermana Raquel en la noche de bodas, y así sacarle ventaja económica y social a Jacob en complicidad con su padre Labán (hermano de Rebeca; Génesis 29). El precio que pagó Lea fue el rechazo de Jacob durante su vida de matrimonio.

Los hermanos de José «disfrazaron» la túnica de muchos colores que vestía José, con la sangre de un cordero y con un cuento inverosímil para presentársela a Jacob, enmascarando la ausencia forzada de José, y sacándole así ventaja a la atención del padre con la complicidad de todos (Génesis 37). El precio que pagaron ellos fue el rechazo del padre, porque Jacob simplemente reemplazó a José con Benjamín y rehusó ser consolado por ellos. Jacob les tuvo desde entonces menos confianza y los trató con aún mayor distancia emocional. Por cierto, es fascinante ver el ciclo del engaño en la vida de Jacob: él usurpa la bendición de su padre anciano disfrazándose con la piel de un cabrito y en su vejez, sus hijos lo engañan sobre la muerte de su hijo preferido, José, disfrazando la túnica multicolor con la sangre de un cabrito.

Tamar, la nuera de Judá, se disfraza de prostituta para seducir sexualmente a su suegro y quedar embarazada, sacándole ventaja filial y asegurando así la heredad del pacto, con la complicidad del vino (Génesis 38). El precio que pagó fue su reputación. No quede duda de que Judá esencialmente había engañado a Tamar diciéndole que le iba a dar a su último hijo para cumplir con las exigencias del matrimonio de levirato, pero no tenía ninguna intención de hacerlo (38:26).

José, vestido de Zafnat-panej, segundo de Faraón, engañó a sus hermanos con toda la parafernalia de su puesto gubernamental cuando él los reconoció a ellos, pero ellos no a él. Viendo a sus hermanos postrados ante sí, se acordó del sueño que tuvo sobre ellos y entonces les habló bruscamente. En efecto, José se escondió detrás de su atuendo oficial para castigar a sus hermanos por la crueldad del pasado y para enfatizarles el cumplimiento de los sueños que predecían su lugar privilegiado (Génesis 42-43; cf. Coates, 1976).

El engaño de José

José engaña a sus hermanos cuando vienen a comprar pan a Egipto, primero pretendiendo no entender lo que dicen y hablándoles por medio de un intérprete. Segundo los castiga acusándolos de un cargo falso: «De seguro ustedes son espías, y han venido para investigar las zonas desprotegidas del país» (Génesis 42:9). De todos los momentos angustiosos que vivieron los hermanos de José ante Zafnat-panej, pocos tuvieron un tono más ominoso. En efecto, ellos estaban siendo acusados falsamente de ser un desafío directo para la seguridad nacional del imperio más poderoso de su tiempo. Se ha dicho que el espionaje es la «segunda profesión más antigua del mundo» en los juegos de poder entre naciones (Ryken et al., 2000b), y la acusación tiene un tono sospechoso que arroja duda sobre la calidad humana de sus hermanos. Ellos llegaron del norte de Egipto, por una ruta muy susceptible (Davis, 1975). José ve espías y suena la alarma, porque situaciones similares representaban la invasión inmediata de los enemigos de Egipto (Westerman, 1982). Como sus hermanos venían de esa ruta norteña (Sarna, 1989), la acusación vino a presentarse como una conspiración secreta y detestable. La respuesta esperada ante tal situación es el encarcelamiento o la muerte –la misma consecuencia enfrentada por espías de hoy–. Leamos el texto en Génesis 42 (NBLH) para entender el drama de la historia:

> [7] Al ver José a sus hermanos, los reconoció, pero fingió no conocerlos y les habló duramente. Y les dijo: «¿De dónde han venido?». «De la tierra de Canaán para comprar alimentos», le respondieron ellos.
> [8] José había reconocido a sus hermanos, aunque ellos no lo habían reconocido a él.
> [9] José se acordó de los sueños que había tenido acerca de ellos, y les dijo: «**Ustedes son espías**. Han venido para ver las partes indefensas de nuestra tierra».
> [10] «No, señor mío», le dijeron ellos, sino que tus siervos han venido para comprar alimentos.
> [11] «Todos nosotros somos hijos de un mismo padre. Somos hombres honrados, tus siervos no son espías».
> [12] «No, sino que ustedes han venido para ver las partes indefensas de nuestra tierra», les dijo.
> [13] Pero ellos dijeron: «Tus siervos eran doce hermanos, hijos del mismo padre en la tierra de Canaán; y el menor está hoy con nuestro padre, y *el* otro ya no existe».
> [14] Entonces José les dijo: «**Es tal como les dije: ustedes son espías**».
> [15] «En esto serán probados; por vida de Faraón que no saldrán de este lugar a menos que su hermano menor venga aquí».
> [16] «Envíen a uno de ustedes y que traiga a su hermano, mientras ustedes quedan presos, para que sean probadas sus palabras, *a ver si hay* verdad en ustedes. Y si no, **¡por vida de Faraón!, ciertamente son espías**».
> [17] Y los puso *a todos* juntos bajo custodia por tres días.

El texto nos indica que José está emocionalmente enganchado con la presencia de sus hermanos y que no puede hablarles pacíficamente, un espejo de cómo los hermanos le hablaban a él en Canaán. Volverse a encontrar con una persona que nos ha hecho daño en el pasado puede traer una ráfaga de emociones y reacciones. Primero hay reacciones físicas como taquicardia, sequedad de la boca, piloerección, respiración alterada, y perspiración de las palmas, entre otras. La adrenalina se combina con la memoria de los eventos pasados y el cuerpo se prepara para huir o pelear, aunque casi siempre es para pelear. Segundo, hay reacciones emocionales fuertes. La principal es la ira y el rechazo ante tal persona. En casos de trauma, como el que pasó José, por ejemplo, es común que el solo hecho de ver al autor del acto victimizante haga revivir todo el trauma y genere pánico, al igual que un aumento marcado de la activación que trastorna el sueño, causando hipervigilancia, disminuyendo la concentración, y esto tiene lugar en reacciones exageradas de sobresalto por la memoria asociativa (Ehlers y Clark, 2000). José obviamente quiere pelear, porque ahora el balance de poder y autoridad se ha cambiado. Si es que en Canaán José fue una víctima indefensa, en Egipto, nadie puede levantar ni una mano ni un pie sin su permiso (Gn 41:44). José era el oficial máximo de faraón y por lo tanto la vida de sus hermanos ahora depende de la disposición de José, y él quiere que los hermanos entiendan eso inequívocamente, puesto que esa fue la experiencia que él sufrió cuando era adolescente en los campos de Dotán, tierra de Canaán. El siguiente cuadro nos da una idea visual del cambio de poder en relación a los encuentros de los hermanos:

	Posición	
Lugar	*José*	*Hermanos*
Canaán Gn 37	Débil Temeroso Suplicante	Fuertes Abusivos Insensibles
Egipto Génesis 42-45	Fuerte y Poderoso Áspero Insensible	Débiles Temerosos Suplicantes

Este cambio en las relaciones de poder con los hermanos se da simbólicamente con la actitud reverente de ellos para con José, como lo dice Génesis 42:6b: «Y llegaron los hermanos de José y se postraron ante él rostro en tierra» (NBLH). En ese momento, José se habrá hecho muchas preguntas: «¿Por qué aparecen ahora que ya he superado lo peor y estoy muy bien? ¿Cómo se les ocurre venirme a pedir algo, cuando todas mis peticiones fueron ignoradas por ellos? ¿Qué lección puedo darles? ¿Cómo les hago pagar lo que me hicieron? ¿Tienen alguna idea de lo que yo he sufrido por lo que me hicieron? ¿Pretenden acaso que no ha pasado nada? ¿Tendrán alguna idea de las angustias que pasé sin saber que iba a ser de mí?». Las otras preguntas las podemos hacer fácilmente con nuestra imaginación. Es la experiencia universal de cómo reaccionar ante un familiar o ser querido que nos ha herido profundamente y que reaparece en el escenario de nuestras vidas después de mucho tiempo con cara de yo no fui. José reaccionó vengativamente usando el engaño.

Westerman (1982), dice que José acusa a los hermanos falsamente con una fórmula que los pone contra la espada y la pared: «Ustedes son… Han venido para…». En otras palabras, José los acusa del peor delito y de las peores intenciones de un extranjero en un país poderoso. No solamente una vez, sino tres, y a manera de *crescendo* en un diálogo donde los hermanos no pueden dar ninguna respuesta correcta. Longacre (2003) en su estudio técnico sobre el diálogo en la historia de José, resalta la centralidad de José como personaje principal de la historia que domina la interacción con todos los otros personajes, usando la fórmula «José dijo…». En otras palabras, su centralidad «literaria» imita o refleja su autoridad plenipotenciaria y su realización de los sueños que presagiaron su cambio de estatus en la familia. Pero eso no le quita su humanidad ni su deseo de hacer una farsa elaborada que incluyó hablarles por medio de un intérprete, acusarlos de espías, obligarlos a traer a Benjamín, aun cuando eso pondría a los hermanos en ascuas con su padre, devolverles el dinero secretamente, pretender generosidad y luego acusarlos del robo de su copa de plata y de pagarle mal por bien. Esta última acción de los hermanos es un delito que merece castigo (Hamilton, 1995; Westerman, 1982). El clímax de la tensión se da con la aparente culpabilidad de Benjamín, el mismo hermano que querían proteger (cf. cap. 42-45). José obtuvo los resultados que había calculado fríamente para crear angustia en sus hermanos (Briscoe y Oglivie, 1987). La Túnica de Lino Fino, el tercer libro de esta serie, discute y analiza ese texto en detalle. Sin embargo, el punto principal que merece ser resaltado aquí es que a pesar de sus características bondadosas, José no estaba exento de usar el engaño en sus relaciones familiares, para lograr sus metas.

Mentiras, engaños, embustes, farsas, patrañas, trampas, tretas, artimañas y cualquier otra forma de falsedad se experimentaron de alguna forma intencional en esta familia. El engaño fue un patrón generacional que todos los miembros de este clan usaron para conveniencia propia.

Circularidad del engaño

Osborne (2006), ha mencionado en su libro (*La espiral hermenéutica/The hermeneutical spiral*), que quien interpreta un texto se mueve de manera circular de las partes hacia la totalidad y de la totalidad nuevamente hacia las partes, para entender una unidad literaria del texto (p. 139). La historia de la familia extendida de José, en general, y los casos del engaño, en particular, tienen una circularidad o espiral singular en el libro de Génesis. Revisando el material tratado arriba, podemos ver esta circularidad con los personajes: la madre (Rebeca) convence al hijo (Jacob) de suplantar a su hermano (Esaú). Luego vemos al padre (Labán) convenciendo a la hija (Lea) de suplantar a su hermana (Raquel).

Obviamente, esto ocurre también a nivel instrumental. Jacob usa la oscuridad del ciego Isaac para hacerse pasar por Esaú, y Lea usa la oscuridad de la noche para hacerse pasar por Raquel. Jacob engaña a su padre con la piel de un cabrito y es engañado por sus hijos con la sangre de un cabrito.

Ya hemos notado el tema de la posición, donde los hermanos causan sufrimiento a José cuando tienen poder, y José les devuelve el sufrimiento cuando está en una posición de poder.

En cuanto a locación se refiere, existe un tema circular en los relatos del engaño, donde el protagonista ejecuta el engaño en un lugar (Canaán) y lo recibe en otro (Padán Arán, Egipto). Fuera del tema del engaño vemos la circularidad en los sueños de José, que ocurren a una temprana edad, pero no son realizados sino hasta haber desarrollado la madurez de carácter y juicio. El tema del mayor sirviendo al menor empieza con la historia de Jacob en el vientre de su madre (con la profecía para Rebeca, 25:23), y termina antes de la muerte de Jacob con la profecía para sus nietos Efraín y Manasés (48:19). Judá sugiere vender al hermano mimado de papá (José) a los madianitas que van a Egipto, pero se niega a entregar al hermano mimado de papá (Benjamín) al potentado egipcio (este punto lo argumenta Walton, 2001, pp. 680-682). La geografía de las historias definitivamente tienen una espiral importante, puesto que reflejan las promesas de Dios. Sin embargo, desde Abraham hasta José todos pasan por Canaán, habitan en Egipto y luego regresan a Canaán. Este regreso a Canaán no le ocurrirá a José, sino que no sucederá hasta que Moisés y los israelitas saquen sus huesos de Egipto, y Josué, hijo de Nun, los entierre en Siquem, tierra de Canaán (Josué 24:32).

Resumen

Hemos aprendido que el engaño marcó las relaciones de la familia extendida de José por generaciones. Al igual que cualquier otro patrón disfuncional, éste era una muleta conveniente, usada con liberalidad por cualquier miembro de la familia extendida de José para salir de un apuro. Las consecuencias no eran medidas, ni el daño a los distintos miembros era considerado. Si es que por una parte la viveza y astucia con que usaban el engaño los sacaba temporalmente de un apuro o situación incómoda, las consecuencias del mismo las cosecharon con creces y por largo tiempo. Si la personificación teatral que hiciera Jacob de Esaú fue relativamente inocua, el fratricidio virtual de José por sus hermanos fue muy serio y patológico, robándole a Jacob la paz y el placer de la vida por más de veinte años. A veces es así en nuestras familias. El pecado de una generación es cosechado en otra y las consecuencias parecen desproporcionales, particularmente para quienes son victimizados. Quizá hay un patrón disfuncional similar en nuestra familia de origen que nos ha afectado personalmente o indirectamente a través de seres queridos. Cuál es y qué propósito tiene ese patrón en mi familia de origen son preguntas que merecen introspección y quietud para discernir. Pero para poder lidiar con problemas que se repiten dentro de la historia familiar y que son causa de gran conflicto, la primera cosa que debemos hacer es interrumpir nuestra contribución a ese sistema. Si sabemos cuál es el patrón y por qué ocurre, tenemos el poder de eliminar nuestra participación en el mismo, absteniéndonos de continuar y confrontando esa conducta. Pero eso es sólo una parte de la solución, la otra es entender cómo funciona nuestro sistema familiar.

Ni Jacob ni sus hijos podían salir de este patrón de engaño (debemos recordar que aproximadamente durante 22 años los hermanos mantuvieron en complicidad el secreto del verdadero destino de José). Es difícil apuntar quién era el más mentiroso porque todos eran parte de un sistema familiar patológico donde había aún otros patrones más serios que mantenían y fomentaban la disfuncionalidad. Sin embargo, llega un momento para todos nosotros, en el que reconocemos la dinámica y nos apartamos de ella. Éste fue el caso de José, que después de hacerlos sufrir, se reveló a sus hermanos y les dijo:

> [7] Por eso Dios me envió delante de ustedes: para salvarles la vida de manera extraordinaria y de ese modo asegurarles descendencia

sobre la tierra. [8] Fue Dios quien me envió aquí, y no ustedes (Génesis 45:7-8, NVI).

José decide terminar con el engaño como patrón relacional en su familia, cuando entiende que su vida tiene un propósito más grande que el de alcanzar ventajas en la jerarquía familiar. Esto lo logró solamente cuando salió (involuntaria y forzosamente) de un seno familiar patológico. Es por eso, entre otras razones, por lo que Dios nos quita la «Túnica del Padre», para que podamos salir de lo que más cómodo nos resulta, pero a la vez de lo que más nos limita. Nótese que Judá también se aparta de su familia (Génesis 38), y luego se convierte en un líder entre sus hermanos y junto con José, es el que mayor bendición recibe de su padre (cf. Génesis 49). Para completar el desarraigo de la dinámica patológica, José aceptó una interpretación espiritual de su situación, entendiendo que los propósitos mayores de Dios fueron logrados aun y a pesar de la bajeza vil de sus hermanos para con él:

> [20] Es verdad que ustedes pensaron hacerme mal, pero Dios transformó ese mal en bien para lograr lo que hoy estamos viendo: salvar la vida de mucha gente (Génesis 50:20, NVI).

El resultado del engaño o de cualquier otra dinámica de nuestras familias de origen obviamente tiene consecuencias negativas y su daño no se puede minimizar. Sin embargo, el Dios Todopoderoso que nos ama y nos conoce puede extendernos su gracia y misericordia para que en el proceso de sanación reconozcamos sus propósitos mayores, y su mano protectora en medio de nuestras circunstancias. En ese momento de lucidez espiritual, el sufrimiento real por el que pasamos dejará de victimizarnos y tomará la perspectiva de una transición pasajera hacia el potencial al cual Dios nos ha llamado. Es el momento donde la narrativa emocional interna y la narrativa conductual externa se concentran en el propósito final: *Ustedes pensaron hacerme mal, pero Dios cambió ese mal en bien* (50:20a, DHH).

Capítulo 5
Rivalidad entre hermanos

Pocos patrones de conducta sobresalen con tanta claridad al lector casual de la historia de José, como el patrón de la rivalidad entre hermanos y el favoritismo de los padres. En este capítulo nos centraremos en este patrón como otro reflejo de la dinámica de esta familia extendida, impactando directamente a José y a sus hermanos. Los conceptos de favoritismo y rivalidad aparecen de manera conectada y simultánea en las dinámicas familiares de las distintas generaciones.

Generaciones anteriores

La rivalidad familiar se hace evidente hasta en la relación de Abraham con su sobrino Lot, cuando hay conflicto entre sus pastores por la tierra. Abraham le aclara a Lot, que el espacio se ha hecho pequeño para ellos dos y que no importa el lugar donde Lot decida habitar, Abraham se iría por el lado opuesto: «¿No está toda la tierra delante de ti? Yo te ruego que te apartes de mí. Si fueres a la mano izquierda, yo iré a la derecha; y si tú a la derecha, yo iré a la izquierda» (Gn 13:9). Muchos ven las acciones de Abraham como pacificadoras, y esto bien puede ser. Para efectos de nuestro estudio, vale resaltar que existía rivalidad entre ellos en competencia por los recursos y esto acaba en una separación. Ese patrón se repite en cada generación siguiente.

Cuando estudiamos la segunda generación, los hijos de Abraham, Ismael e Isaac tenían conflictos de rivalidad fraternal porque sus padres favorecían abiertamente a Isaac sobre Ismael. Obviamente, esto tiene un significado espiritual en relación a la promesa de Dios para Abraham. Sin embargo, la dinámica familiar está presente a pesar de la promesa. La rivalidad entre Sarai, la madre de Isaac, y Agar la madre de Ismael también era intensa y aguda (Génesis caps. 16 y 21). La primera crisis entre Sarai y Agar ocurre por el desprecio de la sierva hacia su ama infecunda:

⁴ Así que Abram tuvo relaciones sexuales con Agar, y ella quedó embarazada; pero cuando Agar supo que estaba embarazada, comenzó a tratar con desprecio a su señora, Sarai. ⁵ Entonces Sarai le dijo a Abram: –¡Todo esto es culpa tuya! Puse a mi sierva en tus brazos pero, ahora que está embarazada, me trata con desprecio. El Señor mostrará quién está equivocado, ¡tú o yo! (Gn 16:4-5, NTV).

En capítulos anteriores estudiamos el concepto de una sierva-esclava concibiendo del esposo de su ama y dando a luz un hijo que su ama podía llamar suyo. Que esta práctica era ampliamente usada en la antigüedad lo constatamos por el hecho de que tanto el código de Hammurabi, número 146, como los escritos antiguos del medio oriente (Siglo XIX a.C.), discuten la procreación de hijos con esclavas en casos de amas estériles (Westermann, 1981/1995; Pritchard, 1969). La razón de la disputa era porque el embarazo de Agar le subió su rango social, mientras que hizo lo contrario con Sarai (Westermann, 1981/1995). Las interpretaciones hebreas difieren acerca de este tema y opinan que «… era básico para el plan de Sarai que Agar se mantuviera dependiente de ella para que el niño pudiera ser criado por Sarah y tratado como si fuese suyo» (Zlotowitz y Sherman, 1986, p. 546). La altanería de Agar acaba en un maltrato severo que la empuja a salir temporalmente de la casa de Abraham. Este conflicto entra el ama de casa y la sirvienta no resulta nada extraño en el mundo iberoamericano. Lo entendemos bien. Sólo que en el caso de Agar, el hijo no le pertenecía a ella, sino a su ama. La intensidad del conflicto era enorme.

La segunda crisis entre estas dos mujeres se da por la forma en que Ismael se burlaba de Isaac. Leamos:

⁹ Y vio Sarai que el hijo de Agar la egipcia, el cual ésta le había dado a luz a Abraham, se burlaba de su hijo Isaac. ¹⁰ Por tanto, dijo a Abraham: Echa a esta sierva y a su hijo, porque el hijo de esta sierva no ha de heredar con Isaac mi hijo. ¹¹ Este dicho pareció grave en gran manera a Abraham a causa de su hijo (Génesis 21:9-11, RVA).

Sarai no está interesada en el primogénito de Abraham, aunque ella instigó su concepción. Definitivamente tenía la responsabilidad de criarlo como suyo porque legalmente era su hijo. Sin embargo, la rivalidad entre hermanos hace de Ismael un hijo indeseable para Sara. Ismael tiene que salir de casa y crecer en el desierto. Sin embargo, la rivalidad entre hermanos, que empezó en casa de Abraham, se ha hecho milenaria y los descendientes de Ismael siguen en pugna contra los descendientes de Isaac.

En la próxima generación, Isaac, no tiene ninguna dificultad en mostrar su predilección por Esaú sobre Jacob, y Raquel por Jacob sobre Esaú, como leímos en el capítulo anterior («*Isaac amaba a Esaú porque le gustaba lo que cazaba, pero Rebeca amaba a Jacob*» (Génesis 25:28). Al igual que en su familia de origen, Isaac siembra la discordia entre sus hijos gemelos con el favoritismo. La pugna entre sus hijos era motivo de constante fricción. Siendo Esaú el primogénito, gozaba del favor de su padre, por lo que Jacob reacciona con celos y maquinaciones de trampa. Por eso, Jacob obliga a Esaú a venderle su primogenitura cuando mas débil y vulnerable lo encuentra. Quizá buscaba anular cualquier ventaja que tuviese su hermano sobre él, usando su viveza. Esto lo entendemos nosotros a nivel cultural, porque como dice Uslar Pietri (1986), este guión conductual de la viveza nos ha sido transmitido a nosotros en Latinoamérica a través de generaciones desde la conquista. En las palabras de Uslar Pietri: «Es mejor ser vivo que ser rico, porque la riqueza puede acabarse pero la viveza nunca» (p. 371). Jacob, cuyo nombre significa suplantador, se destacó por su viveza.

Después de que Jacob consiguiera con su viveza la primogenitura directamente de Esaú por el precio de un plato de lentejas (Gn 25:29-34), vimos en el capítulo anterior cómo le roba la bendición de la primogenitura otorgada por Isaac. Sus acciones le llevaron a huir de la presencia de su hermano bajo peligro de muerte.

[41] A partir de ese momento, Esaú guardó un profundo rencor hacia su hermano por causa de la bendición que le había dado su padre, y pensaba: «Ya falta poco para que hagamos duelo por mi padre; después de eso, mataré a mi hermano Jacob (Génesis 27:41, NVI).

A nivel de dinámica familiar, cabe destacar que la intención de matar a un hermano (fratricidio) ocurre tanto en la generación de Jacob como en la de José (cf. Gn 37:20). Como todos los secretos de familia salen a la luz en momentos de crisis, Jacob tuvo que explicarle a sus esposas e hijos por qué estaba dividiendo a su familia en dos campos y por qué estaba actuando de manera tan sumisa y deferente en preparación para su encuentro con Esaú, de regreso a Canaán (Gn 33:1-17). Sus hijos debieron haberse enterado de la intensidad con que Esaú odiaba a Jacob y de la razón de ese odio. Allí, en ese momento, adquirieron valores familiares.

Las contiendas entre hermanos duran mucho tiempo y no importa la distancia ni el tiempo transcurrido, la intensidad de las emociones reviven al encontrarse. Bien dice Proverbios: «El hermano ofendido resiste más que una ciudad fortificada; y las contiendas, más que los cerrojos de un castillo» (Prov. 18:19).

En la familia González, el hermano mayor había conseguido un dinero del padre como si fuese un préstamo temporal para adquirir un vehículo. A pesar de las peticiones de su padre, el hijo nunca le devolvió ni un centavo, aun cuando el padre enfermó y necesitaba el dinero para su tratamiento. Los hermanos menores trataron de juntar el dinero, pero después de que el padre murió, culparon al hermano mayor de causar su muerte y de ser un «ladrón» tan bajo y vil que no merecía asistir al funeral del padre ni considerarse jamás un González. Cuando apareció borracho por el funeral, hubo un altercado físico con uno de los hermanos menores y entre las cosas que se dijeron, con la misma solemnidad severa que acompaña el sepulcro, se exigieron la ausencia mutua de la vida del otro so pena de consecuencias más violentas. El hermano mayor fue cortado de la vida de la familia González. Diez años más tarde, antes de fallecer, la madre llama al hijo mayor y le pide al resto de sus hijos que por favor se lleven bien, porque al final sólo se tiene a la familia. Ella les pide a todos sus hijos que se olviden del pasado, que en cuanto a su esposo se refería, el hubiese perdonado al hijo mayor, porque lo amaba. No pasó mucho tiempo desde el funeral de la madre, cuando las emociones conquistaron la razón y los hermanos menores le sacaron en cara al hermano mayor todo el dolor y sufrimiento de la familia por sus acciones. La intensidad de sus emociones los llevó a prometerse otras desdichas despiadadas. El conflicto inicial, con todas las emociones de siempre, surgió a flor de piel tan solo con ver al familiar lejano. Nuestras memorias de lo que sucedió en el seno familiar renacen con la anticipación de ver a la otra persona sin importar que seamos la víctima o el ofensor. Es como si la pelea sólo hubiese tomado un receso y al reencontrarnos, comenzara de nuevo desde donde terminó el «round» anterior.

Jacob sabía que su viveza le ganó la primogenitura, pero al mismo tiempo le hizo perder irremediablemente la relación con su gemelo. Tanto así, que si Jacob temía algo, era la intensidad del odio de Esaú en su búsqueda de venganza. De los momentos de angustia vividos por Jacob, el re-encuentro con Esaú es el más difícil para él:

> [7] Jacob sintió mucho miedo, y se puso muy angustiado. Por eso dividió en dos grupos a la gente que lo acompañaba, y lo mismo hizo

con las ovejas, las vacas y los camellos, [8] pues pensó: «Si Esaú ataca a un grupo, el otro grupo podrá escapar».

[9] Entonces Jacob se puso a orar: «Señor, Dios de mi abuelo Abraham y de mi padre Isaac, que me dijiste que regresara a mi tierra y a mis familiares, y que me harías prosperar: [10] realmente yo, tu siervo, no soy digno de la bondad y fidelidad con que me has privilegiado. Cuando crucé este río Jordán, no tenía más que mi bastón; pero ahora he llegado a formar dos campamentos. [11] ¡Líbrame del poder de mi hermano Esaú, pues tengo miedo de que venga a matarme a mí y a las madres y a los niños! (Génesis 32:7-11, NVI).

Para entender el miedo de Jacob, tenemos que entender su situación: Él se había finalmente desligado de la relación explotadora de su suegro Labán, que no le dejaba ser independiente. Ahora estaba para entrar en Canaán cuando lo alcanza Labán y se confrontan mutuamente sobre las percepciones de trampa que tenían el uno del otro (cf. Génesis 31). Por fin deciden quedar de acuerdo y separarse amistosamente, con un pacto que tenía dos estipulaciones: 1) salvaguardar los intereses de las hijas de Labán en tierra ajena, y 2) marcar las fronteras territoriales fijas que ninguno iba a traspasar:

> [51] Mira este montón de piedras y la estela que he levantado entre nosotros –señaló Labán–. [52] Ambos serán testigos de que ni tú ni yo cruzaremos esta línea con el propósito de hacernos daño (Génesis 31:51-52, NVI).

Si Jacob cruzaba la frontera y regresaba ante Labán en una condición débil, pidiendo ayuda, todo su esfuerzo por independizarse se hubiese perdido. Si Labán le sacó ventaja en el pasado a Jacob, de seguro le hubiese sacado ventaja en esas condiciones vulnerables. No le quedaba otra que seguir adelante, pero eso suponía pasar por el territorio de Esaú, quien le había amenazado de muerte en su último encuentro.

En ese momento, un círculo en la vida de Jacob viene a su conclusión (Sarna, 1989). Nótese, por ejemplo, que la partida de Jacob de la tierra de Canaán hacia Padán Arán fue marcada con un sueño de ángeles (28:12), y por igual, su regreso a Canaán incluye una visión de ángeles en Majanaím (32:2-3). Sin embargo, ninguna aparición angelical fue suficiente para disuadirlo de su angustia ante el encuentro con Esaú. En su camino de regreso a Canaán, Jacob forzosamente tuvo que pasar por el territorio de Seir, que estaba bajo el dominio absoluto de Esaú.

En efecto Génesis 36 dice que Esaú, el padre de los edomitas, habitaba en el territorio montañoso de Seir y que antes que los israelitas tuviesen rey, los edomitas habían desarrollado un linaje de gobierno y sucesión monárquicas (36:31). El asunto es que Jacob tenía ahora que enfrentar su peor miedo: lidiar con la ira y el odio de Esaú, que estaban bien acompañadas y secundadas por su fuerza bruta y su dominio militar del lugar en que transitaba Jacob. Cuando Jacob le envía mensajeros a Esaú para saludarlo y pagarle peaje, este decide salirle al encuentro junto con 400 hombres, el número común de una milicia de ese tiempo (1 Samuel 22:2; 23:13; 30:10, 17; cf. Sarna, 1989, p. 224). Ante estas noticias, su corazón de desvanece. No puede escapar dado el gran número de gente y posesiones que lo acompañaba porque caerían fácilmente ante hombres de guerra. No puede regresar a Padán Arán porque eso violaría el pacto con Labán. Lo único que le queda es dividir a su familia en dos campamentos para limitar sus pérdidas. Es allí donde ora y pide ayuda a Dios:

> Cuando Jacob alzó la vista y vio que Esaú se acercaba con cuatrocientos hombres, repartió a los niños entre Lea, Raquel y las dos esclavas. [2] Al frente de todos colocó a las criadas con sus hijos, luego a Lea con sus hijos, y por último a Raquel con José. [3] Jacob, por su parte, se adelantó a ellos, inclinándose hasta el suelo siete veces mientras se iba acercando a su hermano. [4] Pero Esaú corrió a su encuentro y, echándole los brazos al cuello, lo abrazó y lo besó. Entonces los dos se pusieron a llorar (Génesis 33:1-4).

El texto nos da a entender que ni la ira de Esaú con sus antiguas promesas de violencia, ni el miedo de Jacob con su actitud servil y pasiva llegan a la confrontación que se imagina el lector. Por el contrario, estos hombres adultos se abrazan, se besan y se ponen a llorar. Podemos leer varias cosas entre las líneas. Primero, vemos que Dios contestó a la oración de Jacob y dispuso favorablemente a Esaú para su encuentro, como lo había hecho con Labán anteriormente. Este es un punto que debe brindar solaz a quienes se enfrentan a grandes conflictos con otras personas. Y es que: «Cuando los caminos del hombre son agradables al Señor, aun a sus enemigos hace que estén en paz con él» (Prov. 16:7). En el caso de Jacob, eso significó una oración.

Segundo, vemos que Dios había bendecido ampliamente a Esaú (como parte de su promesa para con Abraham e Isaac), y por lo tanto, el sentido de victimización que sentía Esaú en relación a la herencia, disminuyó o se disipó en el momento de su re-encuentro con Jacob. En efecto, leemos más adelante en Deuteronomio 2:5 (cf., también, Josué 24:4): «A Esaú le he dado por herencia la región montañosa de Seír». Debe quedar claro que los edomitas (la nación de Esaú) vivieron en su propio territorio continuamente desde el tiempo de este encuentro entre hermanos, y que los edomitas tuvieron una monarquía en pie desde mucho antes que Saúl iniciase su reinado en Israel. Lo inhóspito y agreste de la región de Seír (que se conecta etimológicamente con la palabra hebrea para vello/pelo/lanudo) complementaba literaria y funcionalmente el estilo tosco de Edom.

Llorar en voz alta es una forma de desahogo, y dentro de esta cultura (cf. la discusión sobre el llanto de Jacob en el capítulo 6), era una forma social de expresar luto o tristeza. Podemos presumir que Esaú lamentaba la separación de su gemelo durante 20 años, mientras que Jacob lloraba de gozo por no recibir la violencia esperada de su hermano. Sin embargo, a pesar de la aparente catarsis y nuevos sentimientos filiales, Jacob le da a entender a Esaú su sentido de humildad, tomando una posición servil ante su hermano, forzándolo a aceptar públicamente un regalo que lo comprometía a la reciprocidad, o por lo menos, a mantener una disposición futura de no violencia contra Jacob:

> [5]Luego Esaú alzó la vista y, al ver a las mujeres y a los niños, preguntó:
> –¿Quiénes son estos que te acompañan?
> –Son los hijos que Dios le ha concedido a tu siervo –respondió Jacob.
> [6]Las esclavas y sus hijos se acercaron y se inclinaron ante Esaú.
> [7]Luego, Lea y sus hijos hicieron lo mismo y, por último, también se inclinaron José y Raquel.
> [8]–¿Qué significan todas estas manadas que han salido a mi encuentro?
> –preguntó Esaú.
> –Intentaba con ellas ganarme tu confianza –contestó Jacob.
> [9]–Hermano mío –repuso Esaú–, ya tengo más que suficiente. Quédate con lo que te pertenece.
> [10]–No, por favor –insistió Jacob–; si me he ganado tu confianza, acepta este presente que te ofrezco. Ya que me has recibido tan bien, ¡ver tu rostro es como ver a Dios mismo! [11]Acéptame el regalo que te he traído. Dios ha sido muy bueno conmigo, y tengo más de lo que necesito. Fue tanta la insistencia de Jacob que, finalmente, Esaú aceptó (Génesis 33:5-11).

Cuando Esaú acepta el regalo de Jacob, se siente endeudado y piensa mantenerse en contacto con su hermano. Sin embargo, Jacob mantiene sus barreras muy altas y rígidas, rechazando cualquier idea de vivir en contacto con su gemelo:

> [12] Más tarde, Esaú le dijo:
> –Sigamos nuestro viaje; yo te acompañaré.
> [13] Pero Jacob se disculpó:
> –Mi hermano y señor debe saber que los niños son todavía muy débiles, y que las ovejas y las vacas acaban de tener cría, y debo cuidarlas. Si les exijo demasiado, en un solo día se me puede morir todo el rebaño. [14] Es mejor que mi señor se adelante a su siervo, que yo seguiré al paso de la manada y de los niños, hasta que nos encontremos en Seír.
> [15] –Está bien –accedió Esaú–, pero permíteme dejarte algunos de mis hombres para que te acompañen.
> –¿Para qué te vas a molestar? –contestó Jacob–. Lo importante es que me he ganado tu confianza.
> [16] Aquel mismo día, Esaú regresó a Seír. [17] Jacob, en cambio, se fue hacia Sucot, y allí se hizo una casa para él y cobertizos para su ganado. Por eso a ese lugar se le llamó Sucot (Génesis 33:12-16).

Durante su encuentro con Esaú, Jacob modeló para sus hijos un estilo relacional entre hermanos. No sólo tuvo que contarles lo ocurrido en el pasado, de cómo engañó a su hermano y tuvo que irse a vivir lejos por las amenazas de muerte que le hiciera Esaú, sino que también les debió haber comentado que Jacob tenía miedo de su ira y que trató de apaciguar a Esaú exponiendo a sus hijos a un posible peligro de violencia («Y dijo: Si viene Esaú contra un campamento y lo ataca, el otro campamento escapará [Génesis 32:8]). En ese momento de crisis, los hijos de Esaú comprendieron tanto la rivalidad que existía entre su padre y su tío (una rivalidad a muerte), como el hecho de que él estaba dispuesto a sacrificar a un grupo de sus hijos (los de Lea), a favor de otro (los de Raquel).

Podemos ir imaginariamente a una de las reuniones sociales de la familia de Jacob, cuando sus hijos aún estaban en casa, y escuchar: «Mi tío quería matar a mi padre». La segunda parte de esa historia, que sin lugar a dudas se transmitió oralmente, tenía que ver con la viveza de Jacob y cómo usó el engaño para ocasionar la ira de Esaú o para salirse con la suya. En el proceso, esa historia reflejó los valores aprendidos por y transmitidos a los hijos de Jacob.

La rivalidad entre hermanos en esta familia no era nada nuevo, venía desde los tiempos de Isaac e Ismael. Pero no se limitaba a los varones solamente, como lo vemos en la familia de Labán.

Lea y Raquel

Las hermanas pelearon también, y quizá con mucho más ahínco e intensidad que Esaú y Jacob, o que José y sus hermanos. La evidencia textual en la Biblia sobre la relación de Raquel con Lea antes de la presencia de Jacob en sus vidas es escasa y sólo nos lleva a conjeturas. Sabemos con seguridad que Raquel era la hermana menor, y que se convirtió en una pastora, lo que involucraba un trabajo físico demandante. Raquel, de alguna manera, ayudaba con la movilización de la piedra grande que se encontraba en la boca del pozo, y estaba pastoreando sus ovejas en el calor del mediodía (Génesis 29:9-13). Esto nos da a entender que Raquel era independiente y que estaba involucrada en actividades atípicas para las mujeres de su tiempo. Mientras que Lea era una mujer de poco atractivo («ojos delicados») que estaba en la casa de su padre. Si las comparamos con Esaú y Jacob en su personalidad, Lea se parecía mas a Jacob y Raquel a Esaú.

El contraste entre las dos hermanas era también evidente, porque la Biblia nos dice sin exageración que Raquel era «de lindo semblante y de hermoso parecer» (29:16). Esas diferencias de apariencia física les fueron tan obvias a las mismas hermanas de aquel entonces como lo son a las hermanas de nuestro tiempo. Y esas diferencias siembran competencia desde temprana edad. La competencia tiene que ver con la atención de los padres y de los demás, porque sistemáticamente las personas interactúan más positivamente con niños y jóvenes de atractivo físico. El argumento de que en aquella época y cultura no se ponía tanta atención a la apariencia física se anula con el hecho de que la misma Biblia nos presenta el contraste entre las dos hermanas y nos dice que Raquel era una mujer muy hermosa. Obviamente, esa característica tenía un valor. Tanto es así, que en la primera oportunidad que Jacob tiene, le menciona a Labán que quiere casarse con Raquel. La conexión química y emocional entre los dos era obvia e intensa. En aquel entonces, como hoy, la atracción física jugó un papel en la decisión matrimonial. En este sentido, es posible que

Labán casara forzosamente a Lea con Jacob, porque de otra manera, ella hubiese sido una solterona para el resto de su vida. Labán estaba protegiendo a Lea, la más débil (y menos atractiva) de las dos, como Rebeca protegió a Jacob.

La evidencia textual de Génesis sí nos dice mucho acerca de cómo se llevaban Lea y Raquel después de llegar Jacob a sus vidas. Primero era una pugna por el afecto de Jacob, un área que Raquel dominaba abiertamente. La única razón por la que Lea se encontraba en ese triángulo amoroso era por la intervención de Labán, puesto que Jacob la ignoraba antes y después del matrimonio forzado. Raquel se lo habrá recordado varias veces en sus contiendas y peleas. Por lo tanto, «vio Jehová que Lea era menospreciada, y le dio hijos; pero Raquel era estéril» (29:31). El tener hijos era una marca de éxito en el matrimonio y en la vida de una familia dentro de la cultura de Jacob. Mientras más hijos, mejor. Muchos nos podemos identificar culturalmente con esta idea, porque venimos de, o conocemos a familias grandes. La respuesta de Raquel a esta ventaja aparente de Lea la fea, era la de darle a Jacob hijos a través de su sierva Biláh. Jacob no se enfada con la idea y tiene hijos con la sierva de Raquel. Cuando le nacen dos hijos por medio de Biláh, Raquel interpreta el hecho en el contexto de su rivalidad con Lea:

> Y dijo Raquel: Con luchas de Dios he contendido con mi hermana, y he vencido (Génesis 30:8).

No se nos debe escapar, que la procreación es vista como una batalla campal entre estas dos hermanas. Eventualmente, Lea le dio seis hijos y una hija a Jacob. Si contamos los hijos de su sierva Zilpá (que culturalmente, eran los hijos de Lea, en una sociedad polígama), entonces Lea le dio nueve hijos en total a Jacob. Quizá Lea ganó esa competencia, porque Raquel sólo le dio dos hijos a Jacob: José y Benjamín (cuatro, contando a Dan y Neftalí hijos de Biláh). Pero para desventura de todos los demás, los de Raquel eran los hijos favoritos de Jacob (primero José, 37:3; y luego Benjamín, 44:30-31). Inclusive, los hijos de Biláh, no recibieron el afecto ni la atención que Jacob guardaba para los hijos de su mujer predilecta. Como resultado, el odio que las hermanas sentían la una por la otra se mantuvo en la generación de los hermanos (Wenham, 2002b).

La familia de José

Si bien Jacob aprendió acerca de la promesa de Jehová oyendo a su padre («Yo soy Jehová, el Dios de tu padre Abraham y el Dios de Isaac» [Gn 28:13]), también aprendió a ser padre mostrando el favoritismo que vio en su casa. No nos debe sorprender en absoluto entonces encontrarnos con esta información: «*Israel amaba a José más que a todos sus otros hijos porque le había nacido en la vejez, y le hizo una túnica de diversos colores*» (Génesis 37:3). Al analizar nuestras propias familias de origen, podemos ver el impacto de la herencia conductual acumulada y transmitida de generación a generación. Por lo general, lo que aprendimos creciendo, lo practicamos con nuestros hijos. Si le sucedió a las familias bíblicas, obviamente nos sucede a nosotros, y viceversa.

En la casa de su abuelo, en la casa de su padre y ahora en la propia casa de Jacob siempre ha habido un hijo favorito. Uno puede intuir que saber lo que pasó entre Isaac e Ismael o acordarse del conflicto serio entre él mismo y su hermano Esaú, hubiese hecho de Jacob un padre más ecuánime. Si alguien sabía que las pugnas entre hermanos que resultan del favoritismo son enconadas e ineludibles, ése era Jacob. No obstante su experiencia, la Biblia nos dice que Jacob prefería a José más que a todos sus otros hijos, y también nos dice que: «Al ver sus hermanos que su padre lo amaba más que a todos ellos, le aborrecían y no podían hablarle pacíficamente» (Gn 37:4). A pesar de nuestra experiencia en el pasado y del daño que hemos sufrido en nuestras familias de origen por dinámicas disfuncionales, nos apresuramos a repetirlas como si fuésemos incapaces de contrarrestar esos procesos dañinos.

El favoritismo de un hijo es tan destructivo en las familias porque implica por lógica el rechazo del otro. Si uno es favorecido, el otro es naturalmente ignorado y/o rechazado. ¿Quién no ha sufrido el dolor del rechazo? Nada puede causar heridas más profundas que el rechazo, especialmente cuando el mismo viene de un padre. En uno de mis seminarios me encontré con un hombre hecho y derecho que tenía todas las apariencias del éxito. Pero vino a mí llorando después de mi charla a pedirme consejo. Su padre le había dado noticias de que la empresa familiar no incluiría su nombre y que esencialmente, él tenía que arreglárselas por su cuenta. El sentido profundo de congoja y pena no eran por la parte económica, él sabía como hacer dinero y había sido muy exitoso. El dolor implacable que sentía era porque su padre lo había rechazado a favor de su hermano, e interpretaba esta acción de dejarlo a un lado como un mensaje claro de que él no valía como empresario, como persona, ni como hijo. Estaba clínicamente deprimido.

¿Cuántos de nosotros no hemos pasado toda una vida luchando contra el mensaje devastador del rechazo de uno de nuestros padres para probarles que se equivocaron en su estimación de nuestro potencial? Hay tanta gente herida con esas palabras tan fuertes que escucharon en su niñez: «No sirves para nada». Jacob no les dijo con palabras a sus otros hijos que no valían para nada, pero con sus acciones de atención desmesurada por José, les dijo funcionalmente: José es mucho más valioso que vosotros.

Los otros hijos de Jacob sabían que lo que ellos hacían no era notado o apreciado por su padre, a menos de ser algo negativo. En efecto, Jacob desconfiaba de las actividades de sus otros hijos y mandaba a José a ver lo que éstos hacían, y así obtener información. Al igual que cualquier hijo que no recibe atención positiva, los hijos de Zilpá y de Biláh «tenían mala fama». Como cualquier atención es mejor que el ser ignorado, la mala conducta de ellos era una forma de asegurar algún contacto con el padre. En este sentido, la conducta de los hijos reflejaba también los fallos de Jacob como padre: su uso inconsciente del favoritismo, su carencia afectiva y su desinterés por la vida de sus hijos.

Resumen

La rivalidad entre hermanos y el favoritismo crearon en la familia de José las semillas de disensión, violencia y conflicto que germinaron frondosamente en todas las generaciones de esta familia bíblica. Como lo podemos apreciar en el genograma de la Figura 5.1, los conflictos descritos en el texto de Génesis afectan a todas las relaciones de los padres, y por ende a la de los hijos. El relato de José también nos recuerda que los afectados no son solamente los «no favoritos», sino también los mimados y adulados. Es decir, que nunca es una sola persona la afectada cuando una dinámica familiar aflora irreprimiblemente. Todo el sistema, cada uno de los miembros padece las consecuencias en ese caso. ¿Cuál es la dinámica que ha afectado a tu familia? ¿Cómo has sido afectado tú?

Lamentablemente, estos patrones disfuncionales engendran otras dinámicas enfermizas que pueden envenenar nuestras vidas familiares. Una de ellas es la triangulación, el tópico del siguiente capítulo.

Figura 5.1. Rivalidades en la familia de José

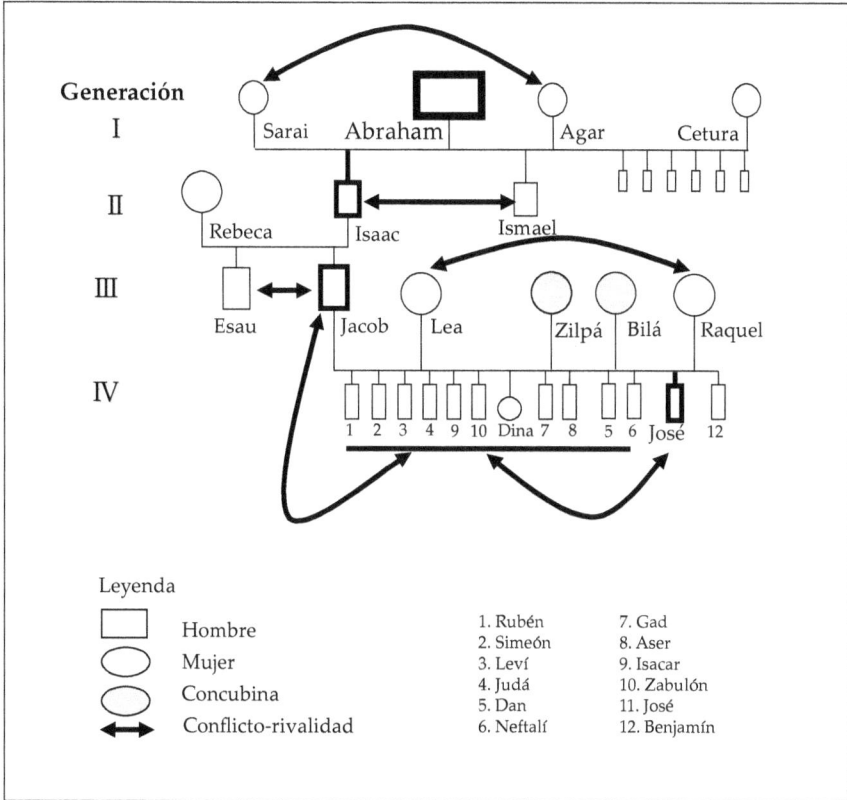

Generación

I — Sarai — Abraham — Agar — Cetura

II — Rebeca — Isaac — Ismael

III — Esau — Jacob — Lea — Zilpá — Bilá — Raquel

IV — 1 2 3 4 9 10 Dina 7 8 5 6 José 12

Leyenda

☐ Hombre
◯ Mujer
⬭ Concubina
⬌ Conflicto-rivalidad

1. Rubén
2. Simeón
3. Leví
4. Judá
5. Dan
6. Neftalí
7. Gad
8. Aser
9. Isacar
10. Zabulón
11. José
12. Benjamín

Capítulo 6
Triangulación y secretos

Leyendo el libro de Génesis, uno percibe que la vida de José es más frágil de lo que el protagonista se imagina. Entendiendo el trasfondo de esta familia, podemos leer entre líneas, y nos encontramos con una tormenta emocional que está por llegar a la vida de José de manera climática. Primero leemos que José informaba a su padre de las fechorías de sus hermanos (Génesis 37:2). Este ritual milenario de quejarse de o acusar a un hermano ante las figuras paternas siempre acaba en conflicto. Sólo tenemos que pensar en nuestra propia familia, ya sea nuestra familia de origen o nuestra familia nuclear para reconocer que el conflicto nace naturalmente cuando un hermano delata al otro. En el caso de José esta acción había intoxicado las relaciones fraternales. Vemos que parte del problema es la comunicación indirecta entre Jacob y sus otros hijos. José trata de llenar ese vacío, y si bien sirve de mensajero para aplacar la tensión del padre en relación a las acciones de sus otros hijos, también queda en una posición precaria al no poder complacer a todos (ésta es la «*triangulación*» descrita por Friedman, 1987). Tenemos entonces un cuadro lleno de conflicto: Jacob prefiere y ama a José más que a todos sus otros hijos; José trata de agradar a su padre sirviendo de chismoso sobre la mala fama de sus hermanos y, por ende, los otros hermanos odian a José y tienen un resentimiento grande para con el padre (Cf. Fig. 6.1).

En este cuadro podemos ver que José hablaba con sus hermanos, pero ellos no podían hablarle pacíficamente. Aunque Jacob hablaba con sus otros hijos, es obvio en Génesis 37:12-14, que José funciona como interlocutor entre ellos y su padre. Nótese que este triángulo ocurre primero con los hijos de Bilá y Zilpá (37:2), y luego con todos los hermanos, menos Benjamín, el menor. Es decir, con todos los hijos de Jacob, menos los de su mujer favorita, Raquel. El favoritismo crea la triangulación como un resultado disfuncional del rechazo implícito. La triangulación se perpetúa mientras unos quieren aplacar la tensión de los padres y otros la mantienen. Leemos, por ejemplo, que Jacob estaba muy tenso y avergonzado con la violencia rapaz de Simeón y Leví cuando acribillaron a todo un pueblo en venganza por la violación de Dina, su hermana.

Figura 6.1. Triangulación en la familia extendida de José

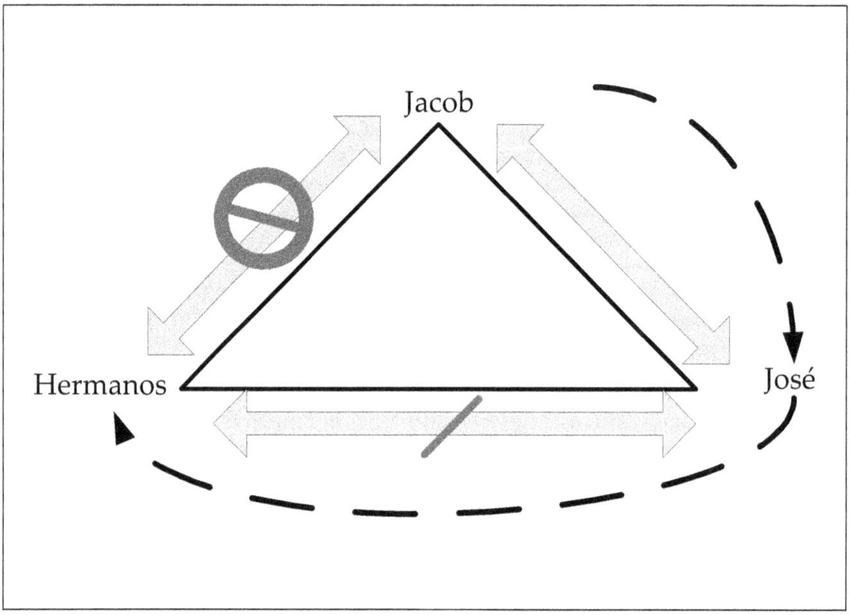

³⁰ Entonces Jacob dijo a Simeón y a Leví:

–Me habéis arruinado, haciendo que yo sea odioso entre los habitantes de esta tierra, entre los cananeos y los ferezeos. Teniendo yo pocos hombres, se juntarán contra mí, me herirán y me destruirán a mí y a mi casa (Génesis 34:30).

Aquí también podemos ver otra dinámica familiar muy clara, que es la del *balance*. José no refleja los atributos de violencia, engaño, odio y «la mala fama» de sus hermanos. Al contrario, José se nos presenta con un carácter noble, esforzado, sufrido, trabajador y diligente. Leemos más adelante, por ejemplo, que él no estaba dispuesto a sacrificar sus principios, rompiendo los límites de la sexualidad (cf. Génesis 39) con la esposa de su patrón. Por otra parte, José compartía con el linaje de la promesa (Abraham, Isaac, y Jacob) el don de recibir sueños y revelaciones, lo que denota una sensibilidad espiritual especial. Esa capacidad no es comentada de ningún otro hijo de Jacob. José era el polo opuesto de sus hermanos y balanceaba la familia patológica de Jacob. También es así en nuestras familias. Algunos de nosotros hemos tomado el papel de aplacar la tensión causada por las decisiones de un hermano o hermana tratando de complacer a nuestros padres y viviendo una vida completamente distinta, casi «perfecta». De esta manera, con nuestra «rectitud» se busca cancelar la tensión familiar ocasionada por las acciones de los otros. Personalmente, se me ha hecho obvio en mi familia extendida que hay tíos cuyas acciones son celebradas y veneradas hasta hoy, mucho tiempo después de su partida. Pero hay también tíos de los que se habla muy poco por la forma en que decidieron llevar su vida. Los tíos excepcionales balancearon a los tíos que hicieron lo opuesto de lo esperado por mis abuelos.

En medio de la animosidad que sus hermanos le demostraban, José se atrevió a relatar sueños en los que se vaticinaba su posición privilegiada ante los demás. Obviamente, eso sólo le echaba leña al fuego lento pero intenso del rencor entre hermanos.

Tres veces leemos sobre la intensidad del odio que le tenían sus hermanos. Primero vemos que no le podían hablar pacíficamente (37: 4), lo que nos sugiere un ambiente de peleas y gritos con provocaciones, amenazas, malas actitudes, y hasta contacto físico brusco. En la familia de Jacob no existía buena voluntad ni cooperación para con José, sino de su padre. José posiblemente se cubría con la predilección del padre para salirse con la suya y para desquitarse de las groserías de sus hermanos. Él era el niño de papá y le sacaba ventaja a esa posición. Un día se levantó y les contó un sueño a los hermanos donde su privilegio no sólo se extendía a nivel familiar, sino también a nivel espiritual y material. Pero espiritualidad era lo que menos tenían en mente sus hermanos al escucharlo. Por cierto, la actitud de José al relatar sus sueños revela cierta jactancia e inmadurez en ese momento.

Segundo, vemos que contarle su sueño a los demás hace crecer la animosidad de sus hermanos: «José tuvo un sueño y lo contó a sus hermanos, quienes llegaron a aborrecerle todavía más» (37:5). Ese es el segundo peldaño en la escalera del odio que los dirige hacia la plataforma de la violencia. Para darles a entender a sus hermanos que lo de su ventaja no era una casualidad, José les contó un segundo sueño (37:9), donde se veía más privilegiado aún. Ante este sueño, el mismo Jacob (experimentado en sueños) se quedó perplejo. Los hermanos le tenían envidia, mientras que su padre se puso a reflexionar sobre el asunto (v.

11). La envidia, el caldo de cultivo de emociones desenfrenadas (Gn 4:4-10; Prov 14:30; 27:4; Gal 5:21), fue la que llevó a sus hermanos a la violencia doméstica. Ellos ya habían hablado entre sí muchas veces acerca de cómo lidiar con la situación de José, y aparentemente sólo estaban esperando que se diera la oportunidad.

Tercero, cuando Jacob usó a José una vez más en una triangulación clásica («Anda, por favor, y mira cómo están tus hermanos y cómo están las ovejas, y tráeme la respuesta» [Gn 37:14]), sus hermanos maquinaron cómo matarlo, porque el odio no lo podían ya contener más.

> Entonces José fue tras sus hermanos y los encontró en Dotán. [18] Cuando ellos lo vieron desde lejos, antes de que se acercase, actuaron engañosamente contra él para matarle. [19] Se dijeron el uno al otro: –¡Ahí viene el de los sueños! [20] Ahora pues, venid; matémoslo y echémoslo en una cisterna. Después diremos: «Alguna mala fiera lo devoró». ¡Veamos en qué van a parar sus sueños! (37:17b-20).

Por una parte podemos entender el profundo rencor de los hermanos que se desborda en maquinaciones fratricidas, pero por otra parte, también se nos hace claro que José vivía completamente despistado en relación a los sentimientos de los hermanos mayores sobre su actitud. Cuando él se les acercó, tenía consigo la túnica de múltiples colores que le hizo su padre. Quizá para José la túnica representaba la marca de autoridad que le iba a permitir llevar a cabo las órdenes de su padre, o quizá era el emblema que José usaba como orgullo de la relación con su padre, o como protección contra la «mala fama» de sus hermanos. Sea cual fuere la intención de José en vestir su túnica, era evidente que la misma representaba la barrera más grande entre sus hermanos y el amor de su padre y que a la hora de la verdad en vez de protegerlo, era un blanco para el odio de sus hermanos.

> Sucedió que cuando José llegó hasta sus hermanos, ellos despojaron a José de su túnica, la túnica de diversos colores que llevaba puesta. Lo tomaron y lo echaron en la cisterna. Pero la cisterna estaba vacía, sin agua (Génesis 37:23-24).

El relato bíblico nos dice poco sobre los detalles de este caso de violencia doméstica. Sin embargo conocemos a los protagonistas, entendemos sus motivaciones, se nos avisa acerca de la intensidad de sus sentimientos reprimidos, y ya hemos estudiado la historia de cómo se relacionan. Por ende, la escena de la pelea entre José y sus hermanos nos la podemos imaginar con lujo de detalle. Ellos querían despojarlo de la túnica, pero José luchó con todo el esfuerzo posible para evitarlo. Hubo insultos, puñetazos, forcejeos, patadas, rasguños y bofetadas. Un hermano le pegó más que otro, pero sin duda todos se vengaron de la carencia afectiva del padre en una catarsis de violencia que terminó con José siendo arrojado a un pozo oscuro, a una cisterna.

Leemos en el versículo 24, que no había agua en esa cisterna, sin embargo, la intención de tirarlo al pozo, con o sin agua, era la de matarlo, como lo afirma el versículo 37:20. Dos veces vemos que los hermanos mayores intentan disuadir a los demás de la idea de matarlo. Rubén, antes de que llegara José (37:21-22), y luego Judá después del altercado entre José y sus hermanos (37:26-27). Estos eran ya hombres adultos, sin embargo, de una manera u otra eran partícipes y cómplices de los hechos porque no importa la edad, los resentimientos familiares no tienen límite de tiempo ni espacio. Con esta acción, los hermanos de José, que contaban con dos hombres sumamente violentos y vengativos, Simeón y Leví, confirmaron su mala reputación.

Pero la violencia de los hermanos no se limitó a la agresión física. Esa pasa y sus efectos se borran. Lo que más duele es su insensibilidad a la condición del agredido. Vemos que al terminar semejante escena violenta, los hermanos se sentaron a comer, como si nada hubiese sucedido. Dentro de la cultura semítica la comida tiene un lugar especial de placer y compañerismo. Pero en cualquier cultura y época de la historia, el sistema digestivo demanda cierto grado de relajamiento para que esta función vital se lleve a cabo positivamente. La frase «se sentaron a comer», implica planificación y consenso grupal. No hay mención de ninguna disensión por motivos de conciencia. José estaba gritando con alaridos y pidiendo auxilio en el trasfondo, pero eso no evitó que los hermanos se sentasen a disfrutar de su comida. Quizá estaban celebrando lo que todos deseaban en secreto y que ahora se había concretizado en crueldad común. Cada uno estaba contento de ver que el otro tenía menos inhibiciones en expresar su odio y todos llegaron al éxtasis de comer la comida anulando al hijo favorito de papá. Entonces pudieron seguir su actividad normal, ignorando la angustia de José, como antes sus propias emociones eran ignoradas. Ése fue el acto que más debió haber herido a José y que lo cauterizó emocionalmente, como lo veremos más adelante.

Analizando el triángulo entre Jacob, José y sus hermanos, podemos sustituir nuestro nombre y el de nuestros familiares en el conflicto en la

Figura 6.1, y nos encontraremos reflejados en alguna relación (familiar, laboral, profesional, eclesiástica, etc.). Como se nos hace obvio, éste es un triángulo lleno de forcejeos emocionales y cambia constantemente, cuando las alianzas entre los personajes en conflicto cambian. De esta manera, los hermanos cambiaron la dinámica volteando el triángulo a la derecha y quedando ellos arriba, se vengaron de la carencia afectiva del padre, cortando toda la comunicación con José y de José con Jacob.

Figura 6.2. Cambio del triángulo

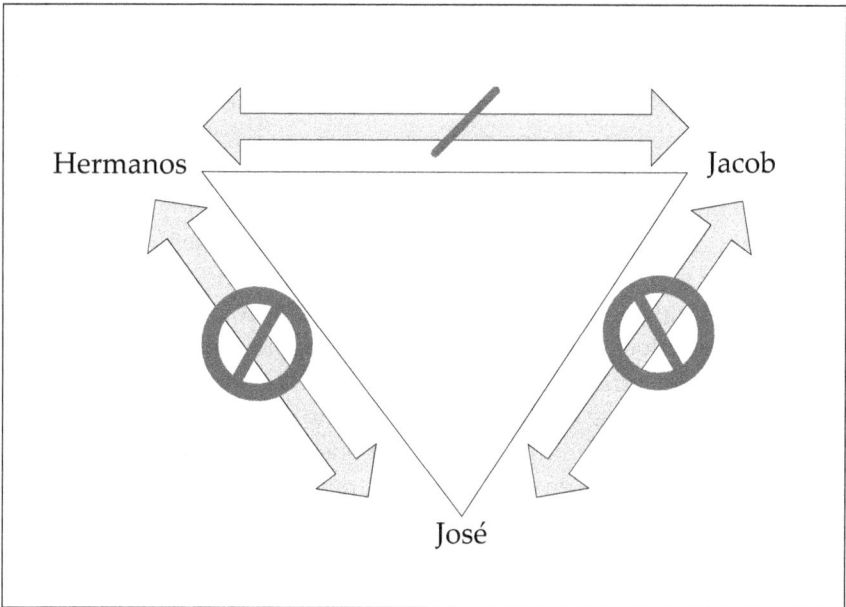

Pero como todo patrón familiar tiene un elemento de arraigo, los triángulos se vuelven a repetir. El escritor de Génesis nos dice que Jacob guardó luto por José durante muchos años. Como resultado de la experiencia de muchos padres al perder un hijo, Jacob no quiso ni pudo aceptar la desaparición repentina de su varón predilecto. José estaba presente en la mente del padre y en la conciencia de sus hermanos. Observemos la reacción de Jacob:

> Entonces Jacob rasgó sus vestiduras, se cubrió con cilicio y guardó duelo por su hijo muchos días. Todos sus hijos y todas sus hijas fueron para consolarle, pero él rehusó ser consolado. Y decía: –¡Enlutado descenderé hasta mi hijo, al Seol! Y su padre lo lloraba (Génesis 37:34-35).

Con la desaparición de José, el sentido de la pérdida era tan grande para el padre, y su conexión con su hijo tan fuerte, que decidió impedir que una supuesta muerte inesperada los separara. Vemos cinco elementos en su reacción que demuestran profunda melancolía.

1) *Rasgó sus vestiduras*: esta práctica antigua era una demostración física concreta de un profundo sentido interno de aflicción y dolor. El rasgar la parte superior de la vestimenta y exponer el pecho demostraba a los presentes el dolor del corazón. El dolor de perder a un hijo es indecible y el lenguaje físico es más elocuente que cualquier palabra.

2) *Se cubrió con cilicio*: La traducción literal es que se cubrió sus espaldas con cilicio. El cilicio era una prenda de vestir hecha de tela áspera o de pelo de animal, muy incómoda, que raspaba e irritaba la piel. En nuestros días sería un saco de patatas. El propósito era la auto-aflicción y mortificación. Jacob estaba diciendo que su sentido de la comodidad había terminado. Y aunque le gustaban las prendas especiales de vestir (él fue quien hizo la túnica poli-cromática de José), ahora todos entendían por su atuendo la aspereza y padecimiento de su mundo interior.

3) *Guardó duelo por muchos días*: el duelo de aquel entonces como el de nuestro tiempo, implicaba lamentos y llanto. Pero en ese tiempo duraba ya sea una semana (Génesis 50:10), un mes (Números 20:29) o setenta días (Génesis 50:3-4). Sin embargo, el luto de Jacob tenía tanto dolor e ira que parecía perenne y él estaba planificando morir con su luto. Era una depresión recalcitrante y una decisión de sufrimiento deliberado. Por eso,

4) *Jacob rehusó ser consolado*. Ninguno de sus hijos logró traerle solaz, y mucho menos suplantar el puesto de José, a pesar de sus esfuerzos. Él les recordaba tercamente: "¡Enlutado descenderé hasta mi hijo, al Seol!». El Seol es el lugar donde van los muertos, de acuerdo al Antiguo Testamento, y el lugar donde los familiares podían reunirse (cf. 2 Samuel 12:23). En otras palabras, el nexo afectivo de Jacob con José era tan fuerte, que Jacob parecía anhelar más la unión con su hijo en la muerte que estar separado de él en vida. Como para tantos padres que pierden a un hijo, la vida de Jacob no tenía sentido sin la presencia de José.

5) *Jacob lloraba a José*. La palabra hebrea *bākâ*, no sólo expresa llanto, sino también el tono de voz del afligido. Es un lamento audible, arraigado en la cultura semítica (cf. Génesis 45:2 donde el llanto de José se oye fuera de la casa; 2 Samuel 1 y 3, el llanto fuerte de David). Cuan-

do Jacob lloraba a José, lo escuchaban todos sus hijos. Ésta era una acción constante. Aquí vemos la crueldad de los hermanos; engañaron a su padre con un cuento fantástico sobre el destino de José y, a la vez, lucharon porfiadamente consigo mismos para mantener un secreto que los consumía en su interior y que afligía cotidianamente a su padre. ¡Imagínense la tensión en ese hogar! Sin embargo, la presencia de esta conducta cruel tiene una razón de ser: La carencia afectiva de Jacob y el favoritismo entre hermanos. Es decir, que en efecto los hijos estaban desquitándose del padre.

Resulta ser que al rehusar el consuelo de todos sus hijos, Jacob volvió a la posición dominante en su triangulación con los hermanos de José, preservando así la dinámica dañina. Él logró esto de dos formas: a) extrañando a José y llorándolo (o sea, manteniéndolo presente de manera ilusoria como un estándar que ningún otro hijo podía emular), y b) escogiendo a otro hijo preferido, a Benjamín, el bebé de la familia, para reemplazar a José. Si al deshacerse de José los hermanos esperaban más afecto del padre, aprendieron con mucha desilusión que el favoritismo era un patrón engranado y obstinado en la conducta relacional de su padre. Como lo relató Judá más tarde, hablando de Jacob: *su vida* (Jacob) *está ligada a la vida del muchacho* (Benjamín) (Génesis 44:30).

Figura 6.3. Triangulación: Jacob sustituye emocionalmente a José

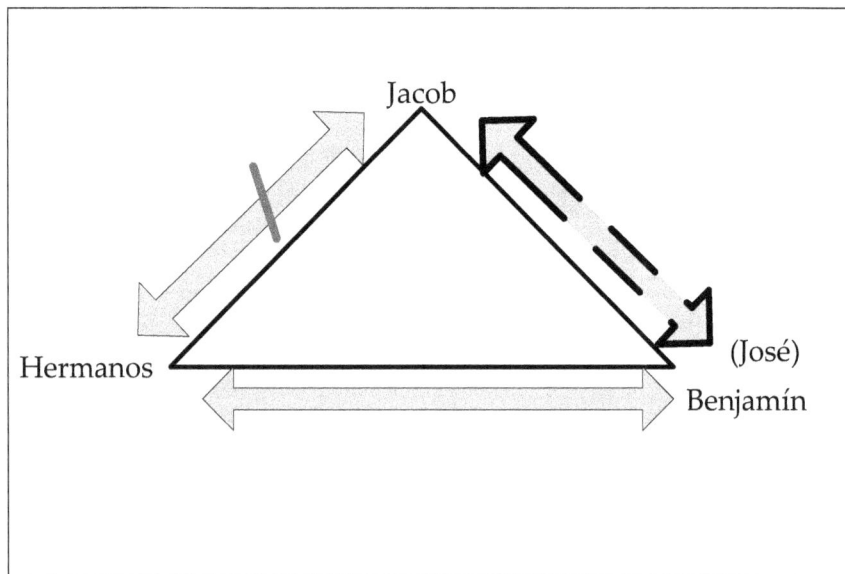

Es crítico resaltar que la triangulación en esta familia no se acabó cuando Benjamín sustituyó a José en el plano afectivo. Ya hemos notado que estos procesos son multidireccionales y que se transmiten generacionalmente. El genograma de la familia de José (Figura 5.1) evidencia triangulaciones en cada uno de los conflictos fraternales. Pero cuando hablamos de la manifestación generacional no es sólo de padres a hijos, sino también de hijos a padres. De manera que el triángulo dió una vuelta más, cuando toda la familia de Jacob sintió la vulnerabilidad del hambre y la necesidad física de comprar comida en el país de más abundancia y poder militar de su tiempo –Egipto–. Ellos (padre y hermanos) eran ahora los débiles, pero la historia de José nos revela que en ese preciso momento fue José quien había llegado a una posición no sólo de fuerza, sino plenipotenciaria. Al ver a sus hermanos postrados frente a él en Egipto, José los reconoció y les habló ásperamente. En términos de dinámicas familiares, José usó a sus hermanos para comunicarse con su hermano menor y con su padre, saltando así por encima de las emociones vergonzosas de sus hermanos, pero perpetuando el triángulo, que ahora había cambiado a su favor. En efecto, aquí vemos un giro direccional reverso, en el que ahora José usó a sus hermanos para comunicarse con su padre (cf. Figura 6.4), averiguando su estado físico y dándole a saber lo que ha pasado con su vida (Génesis 45: 3, 9). Mientras que esto es una comunicación lógica por la distancia que los separa, debemos entender que toda la farsa de Zafnat-panej con los supuestos espías (cf. el capítulo 4), es una forma que tiene José de averiguar cómo se encuentran sus seres favoritos en la familia.

Como es de imaginarse, la triangulación no termina allí. Al morir Jacob, los hermanos de José pusieron a su padre de por medio, para supuestamente comunicarle un mensaje especial sobre las relaciones entre hermanos:

[15] Y viendo los hermanos de José que su padre había muerto, dijeron:

–Quizá José nos tenga rencor y nos devuelva todo el mal que le ocasionamos.

[16] Y enviaron a decir a José:

–Tu padre nos mandó antes de su muerte que te dijéramos:

[17] «Así diréis a José: 'Por favor, perdona la maldad de tus hermanos y su pecado, porque te trataron mal'».

Por eso, te rogamos que perdones la maldad de los siervos del Dios de tu padre (Génesis 50:15-17).

Figura 6.4. Triangulación: José en posición de poder se comunica con Jacob a través de sus hermanos

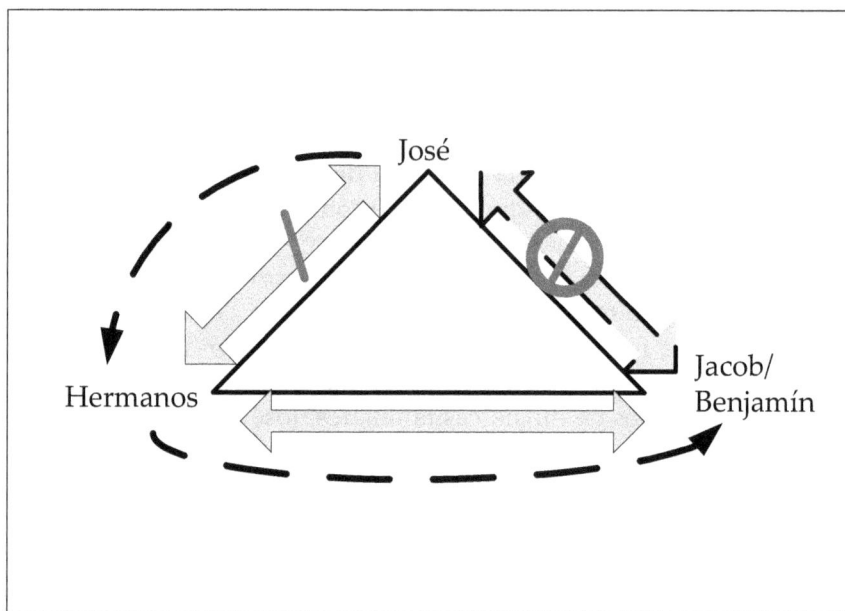

José, primero se entristeció por la acción tan rastrera de sus hermanos, pero evita mantener la triangulación patológica, haciendo dos cosas: 1) Reconociendo que ellos ciertamente le causaron una maldad con sus intenciones nefastas, pero que 2) Dios era el que guiaba su vida, y pudo cambiar una situación tan patética que pedía venganza en una bendición que trajo protección a todo un pueblo. Cuando tuvo toda la capacidad y la oportunidad para vengarse, José les respondió: «Ahora pues, no tengáis miedo. Yo os sustentaré a vosotros y a vuestros hijos» (50: 21).

Los triángulos en nuestra historia familiar pueden haber causado traumas y aun llevado a la violencia. Estas heridas son las más difíciles de superar puesto que involucran como ofensor a la misma persona que debía habernos cuidado o tratado con amor. Cuando la violencia, el abuso, la traición, el abandono, o simplemente la maldad provienen de un familiar, nuestro mundo se tuerce y el daño emocional persiste, por lo que el tiempo se para.

Muchos de nosotros tenemos en nuestro pasado la experiencia de un familiar que nos ha victimizado. Si el daño fue físico o emocional no es tan importante como la marca que sus acciones dejaron en nuestras vidas. En esta etapa de nuestra vida esas acciones todavía nos afectan de una manera u otra. Para sanarnos podríamos empezar entendiendo la dinámica familiar que permitió esa conducta. ¿Fue acaso el favoritismo de los padres, o una triangulación patológica? ¿Se manifestó una vez o ha sido un patrón persistente y generacional? ¿Me sigue afectando en la relación con mi familia? Un elemento esencial en la resolución de este problema es el salirse del triángulo y no participar en los forcejeos emocionales que nos son tan naturales. Si me quito del medio y permito la comunicación directa entre las personas en conflicto, contribuyo a la sanidad del sistema. No es mi responsabilidad complacer y hacer felices a todos. Salirme del triángulo también es decir que voy a dejar de participar en un mecanismo que me permitía controlar o complacer a otras personas. Finalmente, puedo romper con la dinámica dañina, reconociendo que es Dios quien está en el control de mi vida, no un ser querido o un familiar. Es Dios quien le da sentido a mi vida, no mi lugar dentro del sistema familiar.

Secretos familiares

Para finalizar este capítulo quiero cubrir un tema que es más obvio y requiere menos espacio por su universalidad. Me refiero a los secretos familiares: eventos en la historia de una familia que no se quieren divulgar porque traen mucha afrenta a los que los guardan. Mantenerlos cuesta mucha energía y causa gran ansiedad en la familia. También crea alianzas y triangulaciones entre los miembros de la familia para comprar el silencio (Friedman, 1987). Esto divide y daña el estado emocional de la familia.

Por lo general siempre hay alguien que no soporta más la tensión y se va del sistema, mientras que los que se quedan se acostumbran a vivir una mentira (cf. en el capítulo 38 de Génesis que Judá se aparta de sus hermanos, que mantuvieron herméticamente el secreto de haber vendido a José).

Las razones más comunes de los secretos familiares son hijos ilegítimos, problemas legales o morales (como en el caso de los hermanos de José), problemas financieros y en algunos casos enfermedad mental. Uno de mis pacientes llegó devastado emocionalmente a mi oficina cuando conoció la situación financiera real de su padre. Cinco años atrás había perdido el negocio y estaba viviendo de todos los ahorros. Durante todo ese tiempo el padre habló de haber comenzado otro trabajo, pero no hubo ninguna otra actividad laboral sino la de aparentar. Cuando se acabaron todos los ahorros, también se acabaron las mentiras. Mi paciente tuvo una crisis de no saber qué pensar acerca de su padre: si era una persona de buenas intenciones que lo quería proteger de las malas noticias, o si era un farsante irresponsable que había llevado a la familia a la ruina sin buscar ayuda o prevenir la situación precaria en que se encontraban. Los secretos familiares tienen ese precio. Por una parte le roban la experiencia de la realidad a quienes los guardan y por otra parte arrasan con la confianza de quienes son sorprendidos con una verdad alternativa.

En las generaciones anteriores de la familia de José vemos que Rebeca tuvo que guardar el secreto de Jacob con Isaac, que fue ella quien inició el plan de robarle la bendición de la primogenitura a Esaú. No fue ni la iniciativa ni la audacia de Jacob. Jacob tuvo que guardar el secreto de sus acciones tramposas hasta que se enfrentó con Esaú y tuvo que poner a sus hijos en peligro.

Los hermanos de José deben haberse consumido con la culpa de hacerle tal maldad al hijo favorito de su padre, pero ninguno habló. Leemos que la culpa era tan grande 22 años después del hecho, como de seguro lo fue al principio. Cuando estaban frente a Zafenat Panea (José) en Egipto y se encontraron en una situación precaria, lo primerito que les vino a la mente a los hermanos fue lo que le hicieron a José:

> [21] Y decían el uno al otro: Verdaderamente hemos pecado contra nuestro hermano, pues vimos la angustia de su alma cuando nos rogaba, y no le escuchamos; por eso ha venido sobre nosotros esta angustia (Génesis 42:21-22).

Los secretos familiares tienen ese poder, nos acosan constantemente y nos llevan a interpretar nuestras circunstancias distorsionadamente: como si fuésemos merecedores de un destino funesto. Pero como hemos gastado tanta energía para tapar los hechos, la posible vergüenza o consecuencias de la verdad nos parecen más difíciles que vivir en el fango cenagoso de la mentira. Ésta era definitivamente la experiencia de los hermanos de José, que no revelaron a su padre la realidad de lo sucedido durante dos décadas. En efecto, al traer noticias de José a su padre cuando descubrieron que estaba muy bien en Egipto, trataron de salir del apuro minimizando la realidad, que José no sólo estaba vivo, sino que había llegado a ser el «dueño de todo Egipto». La noticia de los hermanos a Jacob es muy simple: «José vive aún» (45:26-28).

¿Cuál es tu secreto familiar? Sólo tú sabes cómo te ha afectado personalmente y cómo ha dañado las relaciones familiares. Es posible que el peso y la carga de guardarlo sean intolerables y agobiantes. Sin duda, el sentido perenne de culpa o la tensión gigante de que se descubran esos secretos son los más debilitantes. Es hora de soltar el secreto y el peso del silencio, aceptando la realidad de lo que ha pasado y buscando ayuda para salir de la oscuridad pretensiosa. Si el miedo más grande es que se sepa la verdad, consideremos las palabras de Jesús: «Y conoceréis la verdad y la verdad os hará libres».

Capítulo 7
Dinámicas espirituales

En los capítulos anteriores hemos resaltado las dinámicas disfuncionales de la familia de José. Pero al igual que con todas las familias, ese lado negativo es muy sesgado e incompleto. Hay elementos en la familia de José, al igual que en todas nuestras familias de origen, que reflejan aspectos admirables y memorables. En efecto, muchas veces estos son los únicos aspectos que queremos recordar. Con el fin de tener una imagen mas balanceada de esta familia, queremos resaltar las dinámicas y valores espirituales de trascendencia que también fueron transmitidos de generación en generación. En este capítulo, tenemos espacio para estudiar la dinámica espiritual más relevante en la familia extendida de José: Fe. El trasfondo de este concepto nos ayudará a captar su importancia.

La dinámica de fe en la familia de José

Generaciones Anteriores

Aun si no partimos desde nuestro punto de referencia cristiano sobre Abraham como hombre de fe (cf. Romanos 4, Gálatas 2, Hebreos 11), tenemos que reconocer que el bisabuelo de José tomó decisiones radicales en su vida. Esto se nos hace más claro cuando leemos la historia de Abraham dentro del marco de la historia de la salvación. Por eso debemos captar el desarrollo de la relación de Dios con la familia *extendida* del antiguo patriarca Abraham –la raza humana–.

En Adán, la creación de Dios llega a su mayor expresión porque es el ser humano quien lleva la imagen de Dios –*imago Dei*–. El propósito explícito de Dios es el de relacionarse con su creación y dejar que Adán y Eva dominen el orden creado sobre el cual Dios les dio el señorío. Como dice Walton (2009), «… en el Génesis, el ser humano representa a Dios para el resto de la creación (p. 69)». Adán y Eva tienen como propósito máximo trabajar para Dios en Su creación (Goldingay, 2003), lo que implica lógicamente tener que rendir cuentas sobre sus acciones, porque la expectativa es que el ser humano se relacione con la creación, de la misma manera que el Creador lo haría.

Por eso, la historia relacional de la humanidad se desenvuelve inicialmente en un jardín (del vocablo persa *PaRDeS*, latinizado como *paradisus*, e hispanizado como *paraíso*). Edén era el lugar donde Adán y Eva conseguían su sustento y se relacionaban con Dios. Pero fue allí donde también decidieron su destino, escogiendo libremente alienarse de Dios. En efecto, Génesis nos relata que desde el principio, la historia de la humanidad se caracteriza por su énfasis tenaz y obstinado de escoger lo que la aísla de su Creador. En Edén vemos que después de desafiar a Dios haciendo exactamente lo que fue prohibido –comiendo del árbol del bien y del mal, la humanidad se aliena del contacto constante y directo con Dios–. Todos nosotros sabemos exactamente lo que eso significa. Hay cosas que no debemos hacer, pero las escogemos precisamente porque queremos romper las reglas a pesar de las consecuencias. En las siguientes generaciones, los descendientes de Adán (la humanidad), se caracterizan por la violencia y el derramamiento de sangre, que es inherentemente contrario al respeto que el Dador de la vida tiene por cada ser que refleja su *imago Dei*. Sin embargo, una humanidad alienada de Dios sólo puede llegar a un clímax: abundar en maldad y destrucción, lo opuesto de la bondad manifiesta en el designio inicial del Creador.

Varias generaciones más tarde, como leemos en Génesis 6, Dios evalúa a la humanidad separada de él:

> [5] Y vio Dios que la maldad de los hombres era mucha en la tierra, y que todo designio de los pensamientos del corazón de ellos era de continuo solamente el mal. [6] Y se arrepintió Dios de haber hecho al hombre en la tierra, y le dolió en su corazón (Génesis 6:5-7, RVA).

La decisión del ser humano de actuar independientemente de la voluntad de Dios (una característica innata en nuestro «ADN» espiritual y conductual), lastimó el corazón del Creador. Solamente tres individuos son resaltados en los capítulos 3-6 de Génesis como personas que decidieron relacionarse con Dios: Abel, quien fue asesinado por su hermano Caín; Enoc que caminó con Dios y no vio la muerte, y Noé, que halló gracia ante los ojos de Dios (Génesis 6:8).

Si es que en Génesis 1-3, todo lo creado «era bueno», en Génesis 6, encontramos que todo era malo y se había arruinado:

[11] Y se corrompió la tierra delante de Dios, y estaba la tierra llena de violencia. [12] Y miró Dios la tierra, y he aquí que estaba corrompida; porque toda carne había corrompido su camino sobre la tierra (Gn 6:11-12).

Ante este estado de maldad empedernida Dios decide empezar de nuevo con Noé destruyendo de la tierra a todo ser viviente con el diluvio. Si en la creación, Dios separa la tierra de las aguas (Génesis 1:2.9), en el juicio a través del diluvio, la creación regresa al estado primordial y caótico de las aguas destructoras (Achtemeier, 1985). Muchos tienen un rechazo fuerte hacia la idea de que un Dios de amor juzgue a la humanidad con destrucción. Sin embargo, una sociedad que de continuo busca el mal se auto-destruye por su ruina moral, precisamente porque no distingue entre el bien y el mal, entre el justo y el culpable. En este sentido el juicio de Dios es la evaluación espiritual sobre una realidad social. «Y se corrompió la tierra y estaba llena de violencia» (Gn 6:11). Como lo explica Goldingay (2003):

> Pero «violencia» (hāmās) lleva la connotación de anarquía... La palabra sugiere la ruptura violenta de un orden justo. Es «virtualmente un término técnico para la opresión del débil por el fuerte». Los seres humanos resisten los límites que Dios pone sobre ellos y llegan a sus propios juicios, se involucran en contiendas el uno con el otro y resisten exhortaciones para controlar su inclinación hacia la violencia (p. 165).

Esa es la historia de la humanidad en cualquier era, incluyendo la presente. El diluvio nos habla claramente de cómo Dios sanciona a la cultura que facilita, promueve y exalta la maldad en sus distintas manifestaciones. También nos hace personalmente responsables por nuestra respuesta ante tal maldad.

Después del diluvio, Dios hace un pacto con Noé y sus descendientes. O sea, que un Dios relacional interesado en su creación decide escoger a quienes le siguen con fidelidad entre toda la humanidad. Y allí empieza el proceso divino de escoger un pueblo para gloria de Su Nombre, que mantenga Sus designios para con el orden creado. Porque aunque todos tienen acceso a Dios, solamente pocos escogen relacionarse con él. Por lo tanto Dios decide tomar la iniciativa en el rescate de su creación, escogiendo a un pueblo para sí. Es decir, Él escoge un pueblo dentro de la humanidad para caminar de acuerdo a sus expectativas.

De los tres hijos de Noé surge la nueva humanidad y todas las naciones, de acuerdo a Génesis 9:19. El lector sofisticado de Génesis habrá notado que existen 70 grupos o naciones que surgen de los descendientes de Noé. Esto se puede constatar en Génesis 10 donde encontramos una lista de 14 descendientes de Jafet, 30 descendientes de Cam y 26 descendientes de Sem, o sea los semitas. El hecho de que la suma de estos grupos/naciones sea 70 no es ninguna casualidad (Sarna, 1989). Siendo 70 un número tipológico que evoca la idea de totalidad o exhaustividad, su uso en la descripción de los descendientes de Noé representa un mecanismo literario para simbolizar la totalidad de la raza humana. Un punto claro en las generaciones y en la Tabla de las Naciones que se describe en Génesis 11, es que Dios está a cargo de las naciones y controla su destino, porque Él tuvo que ver con su origen.

Después del diluvio tanto como antes, la Providencia de Dios bendice a todas las naciones. Pero todas las naciones –la humanidad– nuevamente se rebelan contra Dios (no habiendo aprendido nada de la historia), e intentan crear un nombre para ellos mismos, desarrollando poder con unidad y concretizando sus esfuerzos en la torre de Babel, que representa el esfuerzo humano por lograr trascendencia aparte de Dios. La idea de crear una torre gigante que llegue a los cielos está basada en las prácticas religiosas de la Mesopotamia antigua. En efecto, los templos babilónicos antiguos, conocidos como *zigurats* (del vocablo acádico, *zaqâru*, «construir en lo alto»), cubrían hasta una hectárea de espacio y en su centro tenían una torre de tres a siete niveles que dominaba la ciudad. «El zigurat era entonces una clase de escalera puesta de la tierra al cielo» (Saggs, 1988, p. 281). En la cumbre de la torre estaba un pequeño cuarto con una cama y una mesa para los dioses (Walton, 2006). Mientras que la historia es arcaica, la dinámica es la misma de siempre: La humanidad bajo el pretexto de búsqueda religiosa, expresa su autonomía en logros tecnológicos para glorificación personal, usando la cultura como punto y centro de referencia en vez de dar la gloria a Dios (Ryken, et al., 2000). Babel es el símbolo de la búsqueda de un dios al cual el hombre puede llegar por sus propios medios (un tema favorito del pensamiento «posmoderno»). En contraste, es Dios quien desciende hasta el hombre en el capítulo 11 del Génesis, porque la dirección relacional divina de alcance siempre va a ser de Dios hacia el hombre y jamás al revés. En el relato de Babel leemos que Dios confunde su lenguaje y los esparce por toda la tierra. Alter (1996), un erudito hebreo, presenta los matices lingüísticos de este pasaje, donde resalta el juego de palabras del autor del Génesis para aclarar el mensaje del texto: los planes del hombre frustrados por la intervención de Dios.

El intento del ser humano en esta narrativa es el de lograr trascendencia y significado por sus propios méritos (es decir, un intento por controlar a Dios), lo cual siempre termina en un resultado opuesto. En las palabras de Sarna (1989):

> El juego de palabras *babel-balal, aproximadamente «babel-balbucear»,* esconde una sátira sutil de las nociones mesopotámicas. No la «puerta de dios», como los habitantes de Babilonia interpretaron el nombre, no el ombligo de la tierra, como ellos concebían que era su ciudad, sino un lugar de locución embrollada y sin sentido, el centro del cual radiaron las divisiones humanas, y la causa de la alienación desastrosa de Dios (p. 84).

La fe del ser humano en el zigurat de Babel está firmemente basada en su propia habilidad. La fe que Dios busca, como la historia de Abraham nos lo demuestra posteriormente, está basada en que creamos lo que Él promete.

Finalizando la narrativa de Babel, empieza la historia de Abraham, que es presentada como una de las doce generaciones (*toledot*) descritas en el libro de Génesis (cf. «las generaciones de...», en Génesis 1:1; 2:4; 5:1; 6:9; 10:1; 10:32; 11:10; 11:27; 25:12; 25:19; 36:1 y 37:2. Cf. Walton, 2009, pp. 45-46; Coats, 1976). Aquí encontramos un patrón literario predecible en cuanto a las generaciones. Desde Adán hasta Noé existieron 10 generaciones. Noé tiene tres descendientes y uno de ellos es bendecido (Sem). Por igual, desde Noé hasta Terá hubo 10 generaciones. Terá, tuvo tres hijos varones, y Abram es quien recibe la llamada de Dios y su bendición.

En Abram entonces tenemos un hito crucial de transición. Inicialmente, Dios se relacionó con Adán y sus descendientes, pero la humanidad se alienó de Dios y se corrompió. Desde ese punto en adelante, Dios se relaciona con *el ser humano,* o la humanidad, pero a partir de Abraham lo volverá a hacer con *un ser humano* y su descendencia.

La fe de Abraham

Todo este trasfondo conceptual nos trae a la vida de Abraham, una figura transicional en la historia de la salvación que inicia el período patriarcal del libro de Génesis (cf. Abraham, Isaac, Jacob y José). Mientras que el capítulo 11 nos brinda los datos demográficos de Abram –su edad, nacionalidad, profesión, estado civil, y nombres de sus familiares–, entre otros datos; el capítulo 12 de Génesis comienza con un desafío frontal para que Abram deje toda comodidad y se vaya a una tierra por él desconocida. Su conducta demuestra que Abram no sólo creyó en la promesa, sino que obedeció al reto de Dios, hasta el punto de que el Creador de la humanidad va a ser conocido de ahora en adelante como *el Dios de Abraham.*

¿Cómo se manifiesta la fe de Abram? Para esto tenemos que leer Génesis 12:1-9:

> [1] Y el Señor dijo a Abram: Vete de tu tierra, de *entre* tus parientes y de la casa de tu padre, a la tierra que yo te mostraré.
>
> [2] Haré de ti una nación grande, y te bendeciré, y engrandeceré tu nombre, y serás bendición. [3] Bendeciré a los que te bendigan, y al que te maldiga, maldeciré. Y en ti serán benditas todas las familias de la tierra.
>
> [4] Entonces Abram se fue tal como el Señor le había dicho; y Lot fue con él. Y Abram *tenía* setenta y cinco años cuando partió de Harán. [5] Y tomó Abram a Sarai su mujer, y a Lot su sobrino, y todas las posesiones que ellos habían acumulado, y las personas que habían adquirido en Harán, y salieron para ir a la tierra de Canaán; y a la tierra de Canaán llegaron. [6] Y atravesó Abram el país hasta el lugar de Siquem, hasta la encina de More. Y el cananeo *estaba* entonces en la tierra. [7] Y el Señor se apareció a Abram, y *le* dijo: A tu descendencia daré esta tierra. Entonces él *edificó* allí un altar al Señor que se le había aparecido.
>
> [8] De allí se trasladó hacia el monte, al oriente de Betel, y plantó su tienda, *teniendo a* Betel al occidente y Hai al oriente; y edificó allí un altar al Señor, e invocó el nombre del Señor. [9] Y Abram siguió su camino, continuando hacia el Neguev (Gn 12:1-9, LBLA).

El texto nos demuestra que Dios es ajeno a Abraham. En la tierra de Ur de los Caldeos y en Harán la gente adoraba no al Dios creador de los cielos y la tierra, sino a la diosa luna. En efecto, el nombre de *Terá,* el padre de Abraham, significa *el divino protector de la luna* y siendo esta la religión de su nación, tiene sentido esperar que Abraham haya crecido con la religión de sus padres, adorando a la luna (Hamilton, 1990). Por eso, cuando Dios llama a Abraham, las demandas que le hace son radicales y críticas:

1) Le pide que salga de su terruño, es decir, que se convierta en un inmigrante; 2) le pide que se vaya de la casa de su padre, o sea, que deje todo lo que es familiar, financieramente ventajoso y culturalmente conocido; y que 3) salga a una tierra desconocida que «Yo te mostraré». Este es un

elemento radical para una persona que se encuentra con un Dios que es extraño para su práctica religiosa familiar y a una edad madura. En efecto, Abram tenía 75 años cuando salió de la casa de su padre. Obviamente, requiere fe dar un paso a lo desconocido cuando uno está cómodo social, económica y culturalmente. Hacerlo ante las expectativas de un Dios que no le era familiar, representa una respuesta clara de aceptación.

Wenham (2002) analiza el texto y lo subdivide en tres párrafos que tienen dos protagonistas: la palabra (o promesa) de Dios, y la respuesta de Abram. La siguiente tabla lo muestra más claro:

Protagonista	Acción	Versículo
Palabra de Dios	Mandato Promesa personal Promesa perpetua	12:1 12:2 12:3
Respuesta de Abram	Se marchó Atravesó Continuó y se estableció	v.4-5 v.6-7 v. 8-9

(Adaptado de Wenham, 2002, p. 269).

En el texto, debemos notar inequívocamente que la promesa de bendición de Dios aparece cinco veces entre los versículos 2 y 3 de este pasaje, enfatizando la prominencia de la iniciativa de Dios para con Abraham. Es decir, que la iniciativa viene de Dios para con Abraham cuando promete, y no de Abraham para con Dios cuando cree. Analizando los versículos sintácticamente, podemos ver la promesa de Dios:

*Te **bendeciré**...*

   *...serás **bendición***
   ***bendeciré** a los que*   *te **bendigan**...*
   *...serán **bendecidas***
   todas las familias

(Gn 12:2-3, NVI)

La promesa de una nación propia, un gran nombre, protección divina y la mediación de bendiciones reflejan los deseos de cualquier monarca en el mundo antiguo (Wenham, 2002). Abraham parece ser elevado a este nivel con la bendición de Dios.

Aquí entonces tenemos una aseveración contundente de la intención original de Dios para con la humanidad creada, que ahora se manifiesta en una persona (y su linaje) escogido: Dios ha escogido relacionarse con una persona y por medio de ella con sus descendientes (todas las familias de la tierra), para gloria de Su nombre. Esta promesa (bendecir a todas las naciones de la tierra) es cumplida en la vida y obra de Cristo (un descendiente de Abraham [Mateo 1:1]) en la cruz, que nos ha justificado delante de Dios (Romanos 5:1), incluyendo a personas de toda lengua, linaje, pueblo y nación a formar parte de Su familia. El precio de la bendición para Abraham fue creer y obedecer la promesa de Dios. Es el mismo precio que existe hoy para nosotros, las familias de la tierra: Creer que Dios tomó la iniciativa de relacionarse con nosotros enviando a su hijo Jesucristo para morir en la cruz con el fin de pagar el precio de nuestro pecado y así perdonarnos, dándonos vida eterna.

Lo que creemos tiene un impacto enorme sobre nuestra conducta. Esto lo podemos comprobar en las acciones cotidianas de muchas personas. Pero lo que creemos realmente afecta a todas nuestras áreas de desenvolvimiento social. Por ejemplo, si creo que el comer cierta clase de alimentos es necesario para mi salud, voy a alterar mi dieta para consumirlos frecuentemente. Si creo que una iglesia u organización comunitaria está logrando un gran impacto social, educativo o ambiental, voy a ser voluntario en beneficio de esa organización, o voy a donar de mis recursos a su favor. Lo que yo creo irremediablemente afecta a mi conducta. Si usted y yo pensamos detenidamente por qué hacemos ciertas cosas (trabajar, ahorrar, estudiar, descansar, ayudar, etc.), y cómo las hacemos (comer, divertirnos, socializar, etc.) llegaríamos a una conclusión lógica: lo que ocupa la mayoría de nuestro tiempo refleja directamente nuestras creencias sobre la vida.

En el caso de Abraham, él viajó y se estableció en un lugar desconocido porque creyó la promesa de Dios. Él se despojó de las comodidades de estar en su cultura y cerca de su familia extendida, porque eso fue lo que Dios demandó de su vida. Abraham le creyó a Dios. Todo empieza con el binomio «creer-actuar». Abraham creyó la promesa de Dios y le obedeció, emigrando de su terruño y dejando atrás su vida conocida.

Centenares de estudios psicológicos demuestran categóricamente que lo que creemos sobre nuestras circunstancias, sobre el futuro, sobre nosotros mismos y sobre el significado de nuestra situación afecta a cómo nos sentimos y, por ende, a cómo actuamos (Rutledge, Redwine, Linke, y Mills, 2013; Olatunji, Cisler y Deacon, 2010; Mureşan, Montgomery, y David, 2012; Castell, Kazantzis, y E. Moss-R. Morris, 2011; Kowalik, Weller, Venter, y Drachman, 2011; Hanrahan, Fields, Jones y David, 2012). ¿Qué conductas en tu vida reflejan lo que tú crees realmente?

Si en los capítulos 11-14 de Génesis Abraham cree y actúa, en Génesis 15 encontramos a Dios de nuevo tomando la iniciativa con Abraham, yendo un paso más allá, haciendo un pacto solemne y eterno. En su tesis doctoral, McGonigan (1981), hace un estudio exhaustivo sobre: «...Y Abram le creyó a Dios» (Gn 15:6). Varios puntos son destacados en esta exégesis del texto, empezando por el hecho de que el pacto en ese capítulo es unidireccional (Dios promete al hombre). Luego Dios se le aparece a Abram y le ordena hacer sacrificios como sello del pacto. Abram responde al pie de la letra poniendo a los animales en hilera, con cada mitad de los mismos enfrentando su otra mitad y separados por un espacio. Cuando Abram se duerme, Dios pasa por medio de los animales sacrificados en forma de humo y fuego, como constatación solemne de ese tratado/pacto/alianza. Este hecho implica dos puntos vitales acerca de la iniciativa de Dios: primero, el asumir una posible maldición al tomar tales pasos y no cumplir la promesa; y, segundo, la aseveración más fuerte posible sobre las implicaciones eternas del pacto. En el mundo antiguo de Abraham, el sacrificar animales sellaba un pacto (McCarthy, 1978). Cortar y pactar era un dúo inseparable. Cuando Dios entra activamente en este pacto, no sólo ordenando el sacrificio, sino pasando por medio de las piezas cortadas de los animales, sus acciones representan un compromiso irrevocable, al igual que una auto-imposición de maldición si en algún momento o bajo alguna condición Dios fallara en su juramento.

> ... En otras palabras, cuando Yavhé pasó entre los pedazos del animal muerto le estaba diciendo a Abram, de la manera más fuerte posible, que él estaba comprometido y que tenía toda la intención de cumplir las tres promesas relacionadas con el hijo, su posteridad y la tierra (McGonigan, 1981, p. 101).

Finalmente, el propósito del pacto es el de establecer una relación que resulte permanente, porque el pacto con juramento es permanente. Dios toma la iniciativa y se compromete a una relación permanente con Abram y su descendencia. Abram es totalmente pasivo, mientras que Dios corre con toda la iniciativa, y los riesgos del pacto. Ante tal compromiso, Abraham responde con confianza: *Y Abram le creyó [las promesas] a Dios*. Varias implicaciones merecen ser resaltadas:

1) Como en toda la narrativa de Génesis, Dios toma la iniciativa en su promesa con Abraham. A través de Génesis leemos: Dios creó, Dios

dijo, Dios vio que era bueno, Dios habló, Dios preguntó, etc. Con Abraham, Dios escogió y selló su pacto. Este es un punto expuesto por McGonigan (1981):

> [Abram] expresa su confianza en Dios, y es a base de esa condición solamente, que Yavhé 1) declara que el patriarca está en una relación correcta con él, y 2) se compromete con Abram en un pacto relacional perpetuo a través de la ceremonia juramentada (p. 103).

2) El que la fe le fue computada por justicia a Abraham, es también la iniciativa de Dios. Si es que Dios va a entrar en un pacto eterno con alguien, esa persona tiene que estar en una relación correcta con Dios. Esto no es por mérito de Abraham, sino que ante las promesas de Dios, Abraham simplemente dice: «Así sea–Amén», y con eso Dios determina que su relación con Abraham es correcta y justa. En otras palabras, Dios sólo espera que Abraham acepte que Dios es Dios. Esto establece un modelo (ampliamente resaltado en el Nuevo Testamento), en el que la fe es un requisito para entrar en una relación correcta con Dios (Hechos 16:31; Romanos 5:1). Una vez que Dios establece la relación con Abraham, este desarrolla una amistad con Dios que demuestra confianza. Es en ese contexto relacional en el que Abraham desarrolla su comprensión de Jehová como el Dios todopoderoso.

«La fe es la certeza de lo que se espera, la convicción de lo que no se ve», nos dice Hebreos 11:1. Y esa confianza y certeza definitivamente fueron ejercitadas por Abraham cuando le fue prometido un hijo a su edad tan avanzada. No solamente porque ya era anciano, sino también porque su esposa Sarai era estéril. Es decir, en una cultura donde la descendencia y los hijos representaban la esperanza de trascendencia y eran un símbolo de estatus y prosperidad; la esterilidad y la falta de descendientes eran causa de humillación, burla y afrenta, sin mencionar la desesperación. Esto era más acentuado en la mujer que en el hombre, porque era visto como una señal de desagrado divino o de castigo divino (Hamilton, 1990). Esta noción la encontramos claramente en Génesis 20 cuando el vientre de las mujeres filisteas fue «cerrado» para que no concibiesen por las acciones de Abimelec. Definitivamente, la esterilidad es el elemento de afrenta más grande por el que sufre Raquel en sus contiendas con su hermana Lea (Gn 30:1-2). Aún la misma sirvienta, Agar, se burla de la infertilidad de Sarai, cuando Agar queda encinta (cf. Génesis cap. 16). Creer, pues, en un hijo a pesar de toda la evidencia contraria, era un acto de gran fe, ya que implicaba dejarse guiar por la confianza en

Dios y no por las circunstancias agobiantes de su vida. Esta confianza fue transmitida a Isaac, porque su esposa, aunque bella, era también estéril. Por igual, Jacob tuvo que haber confiado en que Dios revocaría la esterilidad de su mujer amada, Raquel, dándole hijos (Gn 30:22).

Pero el acto sublime de la fe de Abraham lo vemos en su respuesta ante otra exigencia de Dios, después de tener a su hijo. Dios le habla a Abraham acerca de sacrificar el hijo de la promesa, su hijo que tanto había esperado. Sin pensarlo dos veces Abraham se dirige al monte Moriá y está dispuesto a darle a Dios lo que él ama más que a todo.

> [2] Y [Dios] le dijo:
> —Toma a tu hijo, a tu único, a Isaac a quien amas. Ve a la tierra de Moriá y ofrécelo allí en holocausto sobre uno de los montes que yo te diré.
> [3] Abraham se levantó muy de mañana. Enalbardó su asno, tomó consigo a dos de sus siervos jóvenes y a Isaac su hijo. Partió leña para el holocausto, y levantándose, fue al lugar que Dios le dijo (Génesis 22:2-3, RVA).

En su análisis de este pasaje, Keller (2009) nota con perspicacia pastoral que «Dios no estaba diciendo tú no puedes amar a tu hijo, sino que tú no debes hacer de un ser querido un dios falso. Si alguien pone a un hijo en el lugar del Dios verdadero, crea un amor idólatra que va a asfixiar al hijo y estrangular la relación» (p. 7). Esto puede ocurrir con cualquier ser querido. Abraham actuó con fe al llevar a Isaac al monte Moriá, entendiendo que si este Dios pudo proveerle un hijo en medio del desierto de la infertilidad a su edad avanzada, él también podría proveer la respuesta a la situación de reto en su vida. La fe de Abraham en este caso refleja su experiencia con un Dios que hizo lo imposible en un momento inesperado. Durante el proceso del sacrificio, Abraham llegó a experimentar a Dios como el Dios que provee (Jehová Jirah) en medio de la crisis. Abraham sólo tuvo que creer que Dios es consistente: si le dio milagrosamente un hijo bajo circunstancias imposibles, ¿cómo no va a proveer de nuevo, a pesar de estas nuevas circunstancias? Cuando estamos en situaciones que demandan lo que más valoramos, sólo las podremos enfrentar al comprender, como Abraham, que la persona o posición o posesión que tanto valoramos no es «nuestra», sino que es un don de Dios entregado por su gracia para nosotros. Cuando entiendo que lo que valoro es Suyo, eso me libera para dejarlo ir. Dios nunca dejará de proveer. Esto demanda fe, es decir, creer que Él dirige mi vida.

Esa experiencia de Abraham con Dios en el monte Moriá, donde Dios proveyó el sacrificio y donde Abraham se despojó de sus pretensiones de control, fue transmitida a otras generaciones. El carácter del Dios de Abraham, que se manifiesta realmente en la dimensión de la fe (v.g., Dios promete, yo creo, Dios hace), tuvo que pasar de generación a generación. Por lo tanto, cuando en otras generaciones leemos «el Dios de Abraham, el Dios de Isaac y el Dios de Jacob», vemos como Dios estuvo con ellos en situaciones de gran dificultad y apremio, manifestando su provisión a pesar de las circunstancias. En efecto, este Dios, el Dios viviente y real de la Biblia es también el Dios de Antonio, de Ana, de Pedro y de María, el Dios tuyo y el mío. No porque somos buenas personas, morales y correctas, sino precisamente porque aunque no merecemos su bondad, Él nos alcanza en nuestros problemas y dificultades con su provisión. A veces es paz y sosiego, a veces es una solución o una relación, o simplemente fortaleza. Pero siempre es su amor y su presencia (Mateo 28:20b). Al reconocer esa provisión, no nos queda más que personalizar su presencia en nuestra vida y hacer de Él, nuestro Dios.

Desarrollar este concepto en cada generación de la familia de José, demanda más espacio del disponible en este proyecto. Pero en toda generación subsiguiente, Dios se presenta a cada patriarca en circunstancias difíciles, para hacerse conocer con su provisión. Por lo tanto, cuando Dios se manifiesta a Isaac le dice: «Yo soy el Dios de tu padre Abraham; no temas, porque yo estoy contigo. Yo te bendeciré y multiplicaré tu descendencia por amor de mi siervo Abraham» (Gn 26.24, RVA). Y cuando Dios se revela a Jacob, le dice: «Yo soy Jehovah, el Dios de tu padre Abraham y el Dios de Isaac. La tierra en que estás acostado te la daré a ti y a tu descendencia» (Gn 28:13; RVA).

El escritor del Génesis nos da varios relatos de la vida de Jacob donde lo encontramos en apuros y dificultades. Primero lo encontramos en apuros después de haberle robado los privilegios de la primogenitura a su hermano Esaú, teniendo que salir de la casa de su padre por miedo a ser asesinado (capítulo 27). Luego lo encontramos en serios apuros con su suegro Labán (cap. 30 y 31); desanimado por la infertilidad de Raquel (cap. 30), y huyendo de la persecución de su hermano (cap. 32). Todas estas experiencias formaron parte del desarrollo de Jacob y de su entendimiento acerca de la identidad del Dios de Abraham, y de Isaac. Antes de que se hable del Dios de Jacob, el padre de José había experimentado por lo menos 6 teofanías con directrices y bendiciones explícitas. Sin lugar a dudas, Jacob le habló a José no sólo de la intervención de Dios en sus situaciones apremiantes del pasado, sino también de sus promesas y bendiciones.

La fe de José

A pesar de que la historia de José ocupa el mayor espacio comparado con cualquier otra narrativa en el libro de Génesis, él nunca recibe un mensaje directo de Dios. Existe una relación inversamente proporcional entre la cantidad de espacio ocupada por la historia de José y la manifestación directa de Dios en su vida en el texto Bíblico. En contraste directo, la historia de Isaac ocupa solo 50 versículos, pero tiene 2 teofanías (apariciones de Dios en sus sueños). Además, vemos a Isaac orando por la fertilidad de su esposa y recibiendo una respuesta. Por su parte, la historia de José (419 versículos) no incluye ni una sola teofanía de Dios para con él. Es decir, no hay ninguna manifestación directa de Dios donde se le presente audiblemente, como lo hizo en las generaciones anteriores con Abraham, Isaac y Jacob. Con estos patriarcas, las directrices son claras y siguen un patrón, como lo podemos ver en el siguiente cuadro:

	Abraham	Isaac	Jacob	José
Identificación De Dios	*Yo soy el Dios Todopoderoso...* (17:1)	*Yo soy el Dios de tu padre Abraham* (26:24)	*Yo soy el Dios de tu abuelo Abraham y de tu padre Isaac* (28:13)	–
Modo de la llamada	*Sueños con teofanías* Caps. 12, 15, 17, 18.	*Sueños con teofanías* Cap. 26.	*Sueños con teofanías* Caps. 28, 31, 32, 35, 39, 46.	*Sueños sin teofanías* Cap. 37.
Contenido de la llamada	*Cambio geográfico, Bendición*	*Bendición de los hijos*	**Presencia, protección, compañía, bendición**	–
Promesa de Bendición	*Tierras, descendencia, Protección, bendición a todas las familias de la tierra (explícita)*	*Tierra, descendencia (explícita)*	**Tierras, descendencia, Bendición a todas las familias de la tierra** *(explícita)*	*(Bendicione simplícitas)*

Ojeando cursivamente el cuadro sinóptico anterior se nos hace obvio que José nunca recibió una directriz directa de Dios para empezar su camino hacia Egipto, ni tampoco recibió un mensaje de aliento cuando se enfrentó a dificultades como lo recibiera Jacob cuando se enfrentó a su hermano Esaú (Cap. 32), o Isaac cuando se enfrentó a los vecinos hostiles (Cap. 26), o Abraham, cuando se enfrentó con Codorlaomer y los demás reyes (Cap. 14). La pregunta obvia es: ¿Cómo entonces pudo José haber creído en Dios en medio de sus circunstancias agobiantes?

La educación de los jóvenes de antaño tenía lugar obviamente en la casa y en vez de la acumulación de conocimiento basado en libros, para el tiempo de José, la mayoría del acervo cultural lo encapsulaba la tradición oral tanto como las destrezas prácticas. Es decir, el conocimiento era transmitido a manera de historias o con ejemplos de conducta sobre varios aspectos de la vida cotidiana: el comercio, las relaciones familiares, la identidad tribal, los valores, y sobre todo la vida religiosa o espiritual. En un mundo carente de escritos religiosos hebreos, como lo era el mundo de Abraham, Isaac, Jacob y José (el decálogo, por ejemplo, lo recibe Moisés más de 400 años después del período de los patriarcas), la tradición oral conservada por los patriarcas de la familia era el factor más importante de conocimiento sobre la realidad espiritual. Entenderlo, saberlo bien y repetirlo proporcionaba la clave sobre cómo navegar en la vida, porque las personas podían entender de esa manera, qué esperaba Dios de ellas. Mientras que la idea de que Jacob le comunicó a José oralmente sus experiencias espirituales y las de sus antepasados es una inferencia, tiene mucho sentido común. Primero, la tradición oral es vasta en la cultura hebrea y ha sido preservada hasta el día de hoy (v.g., Pirke Avot, Mishná, etc.) valorando las experiencias de personas resaltadas en el pasado. Segundo, el contenido de las promesas de Dios para con Abraham eran tan especiales, que al igual que lo haríamos todos nosotros, lo más lógico sería transmitir el contenido junto con el contexto de tales promesas a la siguiente generación para la cual fue dada. Tercero, las teofanías de Dios para con Abraham, Isaac y Jacob son específicas y directas, afianzando cada vez más la presencia generacional de Dios y su continuidad con la promesa Abrahámica. Siendo que la promesa es para «tu descendencia», indudablemente tuvo que haber sido transmitida a cada generación oralmente, no sólo en la bendición patriarcal para el primogénito, sino también a toda la prole como marca de identidad familiar y tribal. Cuarto, José era sin lugar a dudas el hijo favorito de Jacob («… Y Jacob amaba a José más que a todos sus hijos» [Gn 37:2]) y por lo tanto le iba a comunicar todas sus experiencias espirituales. No sólo para enseñarle acerca del Dios que los había escogido, que lo había librado de tantos percances, y que lo había hecho prosperar sin mesura, sino también para darle ventaja sobre sus hermanos (1 Crónicas 5:1). De manera que José aprendió acerca de Dios a través de su Padre, e internalizó las promesas de Dios para los patriarcas como parte de su erario espiritual y familiar.

Su aprendizaje incluyó detalles de la historia de Abraham, de Isaac y de Jacob, tanto como de la promesa hecha a cada uno por Dios, y sobre todo los detalles de la manifestación de Dios durante sus sueños. Hasta qué punto José internalizó las historias patriarcales como propias no lo sabemos. Tampoco sabemos qué aspectos de esas historias eran más relevantes para él. Lo que sí sabemos por el texto bíblico es que José es el único de los descendientes de Jacob que tiene esta capacidad de percibir realidades futuras a través de los sueños, lo que en su mundo antiguo reflejaba no sólo sensibilidad espiritual, sino también un privilegio.

Pero, ¿qué tiene que ver esto con su fe? Las acciones de José demuestran su fe. Regresando al texto del Génesis, vemos la experiencia de José con sus hermanos. Nos dice la escritura: «Y sucedió que cuando José llegó a sus hermanos, despojaron a José de su túnica, la túnica de muchos colores que llevaba puesta; y lo tomaron y lo echaron en el pozo. Y el pozo estaba vacío, no había agua en él» (Gn 37:23-24). Cada vez que nuestra seguridad personal está en peligro, la primera cosa que la gran mayoría de nosotros hacemos es rogar por la protección de Dios. José no era diferente. Pero su situación en ese momento se hacía más precaria con cada minuto. El encuentro con sus hermanos desembocó en una paliza, en las amenazas de muerte, en el despojo de todas sus prendas, culminando en un falso encarcelamiento dentro de un pozo oscuro y húmedo. Como hemos visto anteriormente, podemos intuir todas las quejas de José para con sus hermanos, que pronto se transformaron en súplicas y peticiones de misericordia. En efecto, sus hermanos confiesan más tarde en Egipto: «Verdaderamente somos culpables en cuanto a nuestro hermano, porque vimos la angustia de su alma cuando nos rogaba, y no lo escuchamos, por eso ha venido sobre nosotros esta angustia» (Gn 42:21). Al darse cuenta que sus ruegos y clamor sólo resultaban en burla y en silencio de sus hermanos, José tuvo que empezar a clamar a Dios y buscar consuelo en él. En una experiencia de trauma, el descubrimiento de las pérdidas se hace paulatinamente. José perdió primero su sentido de seguridad cuando fue objeto de la violencia de sus hermanos, a lo que siguió una experiencia de shock e incredulidad al ver que su propia familia tenía la intención de matarlo. Como a todos nosotros en una situación similar, a José le fue inverosímil aceptar la realidad de lo que estaba ocurriendo en ese momento. Esto lógicamente acabó en miedo, porque si sus hermanos le dieron una paliza, y el conflicto llegó al punto de que le despojaron de sus pertenencias y lo arrojaron a un pozo oscuro, ¿qué podría esperar José del desenlace de esa situación ahora que el balance de poder y autoridad estaba completamente al lado de sus hermanos? La respuesta universal ante tal circunstancia es llorar; llorar de la tristeza y desesperanza engendradas por la agresión impredecible de que ha sido objeto. Allí, en ese pozo oscuro, donde en vez de su túnica estaba cubierto de lodo (Gn 37:24), su vulnerabilidad y desamparo lo obligaron a clamar a Dios. Quizá se sintió culpable por creerse el causante de la violencia doméstica. En efecto, la gran mayoría de personas que son objeto de violencia familiar se consideran a sí mismos los causantes del trauma, lo que les lleva a vacilar entre vergüenza e ira por lo sucedido. Pero no quepa duda que en el tormentoso pozo oscuro de transición, José clamó con angustia al Dios de Abraham, al Dios de Isaac y al Dios de Jacob. Es así con todos nosotros, cuando más angustiados estamos, más ferviente es nuestro clamor a Dios.

Una vez vendido a los comerciantes, o si se quiere, a los traficantes madianitas, José experimenta aún una pérdida más: su libertad. No sabemos si hubo un regateo por el precio en que vendieron a José. Sí sabemos, que de acuerdo al Código de Hammurabi (presuntamente el código legal vigente a nivel internacional en ese tiempo), 20 monedas de plata eran el precio promedio de un esclavo (Código de Hammurabi, § 116, § 252: «1/3 de mina de plata»). También era el precio puesto para un esclavo por la Ley Mosaica que vino más tarde (Lv 27:5). Si se hizo la negociación de su venta con José presente o no, resulta ser menos importante que el hecho de la venta misma. José supo sin duda alguna que en esa transacción perdió su estatus social, su derecho a las comodidades básicas de su tiempo y también su historia. Perder la historia personal, el contexto familiar, y las costumbres representan el costo que todavía paga todo inmigrante. Pero es mayor aún para el inmigrante forzado o esclavizado.

La tradición oral hebrea llena los espacios vacíos sobre la experiencia de José como esclavo. Nos dice el Salmo 105:17-18:

> [17] Pero envió delante de ellos a un hombre:
> a José, vendido como esclavo.
> [18] Le sujetaron los pies con grilletes,
> entre hierros le aprisionaron el cuello (NVI).

Si esos grilletes y esos hierros fueron usados por los madianitas para sujetar a José en el camino a Egipto, tenemos que deducir que la aspereza de la arena junto con el calor del sol caldearon el hierro, creando un roce exasperante que resultó en ampollas y llagas en el largo y tedioso camino a Egipto. Sin embargo, es preciso notar que su sentido de dignidad básica fue violado al quedar así encadenado, cual animal. Su valor estaba ahora no en sus relaciones paterno-filiales, sino en su capacidad de producción, en su resistencia física y en su lealtad incuestionable.

Sarna (1989) nos recuerda que la trata de esclavos en Egipto, era muy amplia y bien establecida en varias regiones, incluyendo el Asia. De manera que la transacción entre los hermanos y los madianitas que traficaban con esclavos en Egipto era muy común. Horesely (1998) resalta en su estudio sobre la esclavitud en la antigüedad que ella tenía un efecto totalmente deshumanizante al estar mediada por las fuerzas de la oferta y la demanda, que trataban a seres humanos como propiedad. Al venderlo como esclavo, los hermanos no lo mataron físicamente, pero efectuaron la acción más cercana al fratricidio: se deshicieron de José, desapareciendo sin dejar otro rastro que sus huellas en la arena del desierto. Al venderlo como esclavo, lo aniquilaron de la familia con gran venganza por la carencia afectiva del padre. También acribillaron el sentido de privilegio y superioridad que tenía José en la familia de Jacob. En el mundo antiguo de Génesis, la esclavitud significaba miseria para el sujeto y el poder absoluto del dueño sobre el esclavo, brindando exiguas opciones para la manumisión (Callender, 1998).

En las noches de frío en el desierto y en las noches de arduo trabajo en Egipto, José tuvo que haber pensado en las acciones de sus hermanos y en la traición que experimentó. Cuánto habrá añorado José la casa de su Padre al estar en un lugar tan extraño y hostil. Sin poder confiar en nadie a su alrededor, tuvo que empezar a confiar en Dios.

Pero en medio de tanta miseria las cosas toman un rumbo providencial. Cuando lo revendieron en el mercado de Egipto, los madianitas pudieron haber hecho la transacción con cualquier persona. Pero es Putifar, el oficial de Faraón quien lo adquiere. Los eruditos rabinos que interpretan este pasaje, dicen que era la Voluntad Divina la que imperó en la decisión de compra que hiciera Putifar (R' Scherman y R' Zlotowitz, 1995). Las tradiciones Judeo-Arábicas dicen que Zuleika es la que convence a su esposo Putifar para que compre a José como un esclavo mascota (Bernstein, 2006; Kugel, 1994; Kaltner, 2003). El estudio de esa literatura revela una tradición amplia sobre la vida de José en

Egipto, que es abordada al detalle en el cuarto libro de esta serie, La Túnica del Legado. Sea como fuere, es muy factible que por cobrar un precio más alto por José, lo hayan vendido sólo a quien podía pagar esa suma. Putifar, un oficial del gobierno, pudo pagarla.

Sin ahondar mucho en el tema, leamos en el texto la bendición implícita de Dios sobre la vida de José en su nuevo hogar: «[2] Ahora bien, el Señor estaba con José y las cosas le salían muy bien. Mientras José vivía en la casa de su patrón egipcio, [3] éste se dio cuenta de que el Señor estaba con José y lo hacía prosperar en todo» (Gn 39:2-3, NVI). Que las cosas le hayan salido muy bien, prosperando en todo, reflejaba claramente la presencia de Dios en la vida de José. Egipto, como todo país del mundo tenía prejuicios raciales definidos. Los egipcios estimaban que los hebreos eran de tan bajo valor que no se imaginaban socializar en la mesa con ellos. Como dice, Génesis 43:32: «... pues los egipcios no pueden comer con los hebreos, porque esto a los egipcios les es una abominación» (RVA). Es decir, José estaba en un ambiente abiertamente hostil a los de su estirpe. Sin quererlo, su apariencia, su acento, y sus costumbres reflejaban su lugar de origen. Y aunque Putifar lo veía con buenos ojos, esto no quería decir que los otros sirvientes lo hicieran. José ya estaba acostumbrado a este problema en su familia. Su padre no podía darle suficientes preferencias, mientras que sus hermanos no le podían hablar pacíficamente, y le aborrecían.

Prosperar en todo, dentro de ese ambiente, requería humildad y el reconocimiento de que Dios estaba en el control de su vida. Pero prosperar en ese nuevo contexto, también requería que José se despojase de la túnica del padre, de su pasado, de su idioma, de su cultura y de su historia para desarrollar una nueva identidad y forjarse un nuevo futuro en Egipto. No cabe duda que como inmigrante indocumentado, y como esclavo, José también tuvo que despojarse de su petulancia, y de su prepotencia en un proceso de moldeamiento del carácter que sólo tendría frutos con el tiempo.

Los rabinos y eruditos judíos que han estudiado la vida de José dicen que su carácter de joven fue la causa de sus problemas posteriores (Niehoff, 1992, pg. 135[1]).

---

1. Hablando de la intensidad de la tentación experimentada por José, los escritos rabínicos generan el siguiente diálogo fabulado entre nuestro personaje y la tal Zuleika:

> Hasta dónde (llegó ella). El Rabí Huna dijo en nombre del Rabí Aha: hasta llegar a ponerle una horquilla de hierro en su cuello para que él volteara sus ojos y la mirara. Pero a pesar de esto él no la miró, como está escrito: «le trabaron los pies con grillos, metieron su cuello en una argolla» (Sal. 105:18, LBNP) (Niehoff, 1992; p. 135).

Sólo cuando José resiste la tentación sexual de «Zuleika» (la esposa de Putifar) se muestra que su vida implica una gran rectitud. Existen múltiples leyendas, dentro de la tradición hebrea[2], acerca de lo que aconteció ese día. Para leer textos primarios extra-bíblicos sobre José y estudios de los mismos, tanto como literatura hebrea (cf., *El Testamento de José, José y Asenath*, y el *Testamento de Los Patriarcas*, con libros apócrifos, seudopigráficos, y otros escritos), el lector interesado debería ver las publicaciones de Díez-Macho *et alii*. (1983a-d)[3]. El estudio de estos textos lo aborda con detalle el cuarto libro de esta serie, *La Túnica del Legado*, y por lo tanto sólo mencionaré aquí las acciones de José en respuesta a la tentación sexual, que no era tan grande como la tentación de salvar su pellejo. Dice la escritura que el acecho era constante, pero la respuesta de José era firme y tenía un razonamiento espiritual y ético. La Nueva Versión Internacional lo pone de esta manera:

[7] Después de algún tiempo, la esposa de su patrón empezó a echarle el ojo y le propuso:
–Acuéstate conmigo.
[8] Pero José no quiso saber nada, sino que le contestó:
–Mire, señora: mi patrón ya no tiene que preocuparse de nada en la casa, porque todo me lo ha confiado a mí.

---

2.   Ginzberg et alii (2003), presentan una serie de leyendas judías muy interesantes, que como leyendas al fin, dan paso libre a la imaginación. Una de ellas incluye la idea de que en efecto José casi se deja llevar por la tentación sexual, de no ser por una teofanía inesperada y de un mensaje muy austero:

Apenas salido de la casa, la pasión pecaminosa lo abrumó y José regresó al cuarto de Zuleika. Entonces el Señor mismo se le apareció a José y le dijo: «Si tú la tocas, yo desecharé la piedra del ángulo sobre la cual está fundada la tierra, y el mundo vendrá a ruina». José entonces escapó de nuevo, pero Zuleika lo agarró de su túnica y le puso una espada a su cuello amenazándolo de muerte para que él ceda a los deseos de ella. José salió corriendo pero dejó atrás una parte de su túnica (Ginzberg et alii, 2003, p. 357).

3.   Además existen una gran serie de publicaciones que representan escritos hebreos extrabíblicos que ameritan consideración sobre la historia de José. Cf. por ejemplo: Collins (1984), De Jong (1953, 1978), De Silva (2002), Davila (1994), Smith (1985), Kee (1983), Baring-Gould (2004), Docherty (1984), Fraade et alii (2006), Slingerland (1977), Harrelson (1975), Hollander (1975), Nickelsburg (1975, 1984, 2005), Pervo (1975), Stone (1984) Pritchard (1958) y Safrai (1987, 2007) entre otros. La obra magna de Chalesworth (1983, 1985) es particularmente interesante aunque homóloga al trabajo castellano de Díez Macho et alii (1983a-d). El trabajo exegético de Ibn Ezra, compilado por Strickman y Silver (1988) ha sido muy influyente sobre este pasaje. Toda esta literatura es revisada al detalle en el cuarto tomo de esta serie –La Túnica del Legado: Interpretaciones de la Vida de José–.

⁹En esta casa no hay nadie más importante que yo. Mi patrón no me ha negado nada, excepto meterme con usted, que es su esposa. ¿Cómo podría yo cometer tal maldad y pecar así contra Dios? (Gn 39:7-9, NVI).

La respuesta de José delata su cosmovisión y su conciencia de la presencia de Dios en su vida. La tal Zuleika asediaba sexualmente a José, como la mayoría de los amos asediaban a sus esclavos en busca y/o demanda de favores sexuales para satisfacer sus apetitos. Desde Egipto hasta Roma, y aún en la esclavitud del siglo XIX, los amos hacían lo que querían sexualmente con sus esclavos (Finley, 1980; Wills, 1998; Patterson, 1982). No es necesario recalcar que aún en nuestro tiempo existe la esclavitud sexual y la trata de blancas como un negocio redondo. En este sentido, José entendió que estaba poniendo en un gran riesgo su vida y su destino al negarse a ser usado sexualmente por la promiscua Zuleika. Si Abraham fue retado a sacrificar a Isaac y por lo tanto su futuro, José fue retado a sacrificar su seguridad futura en el altar de la integridad. Esto requiere fe. Requiere una relación con Dios, lo que nos habla de que José había discernido diáfanamente que su vida y su futuro estaban bajo el control de un Amo supremo (no el terrenal) que le había hecho prosperar en medio de condiciones exasperantes y desalentadoras. Pero ese Amo requiere obediencia y lealtad por igual. Al decir: ¿Cómo podría yo cometer tal maldad y pecar así contra Dios? (39:9), José demuestra que a pesar de no tener ningún estatus en Egipto más que el otorgado por Putifar, él prefirió acarrear con las consecuencias de cualquier mala jugada que la señora cortesana le pudiera infligir, antes de sacrificar lo eterno en el altar temporal de la conveniencia, creyendo que el Dios que le había consolado hasta ahora, lo haría después. José empezaba a conocer a y creer en el Dios de Abraham, de Isaac, y de Jacob, que ahora era el Dios de José.

Haber tenido fe en Dios, para negarse a cometer tal maldad y pecar así contra Dios, sin embargo, no lo salvó de ir a la cárcel injustamente, ni le eximió de perder su libertad una segunda vez, con más restricciones aún. Quizá el estudio más completo sobre la esclavitud hasta su publicación, lo hiciera Patterson (1982), quien discute entre otras cosas la esclavitud como símbolo de autoridad, control y poder económico. Dice Patterson (1982), que fuera de la casa de su amo, el esclavo no tenía identidad ni existencia social (pp. 39-45). Por lo tanto, al entrar en la cárcel, destituido de la posición privilegiada de mayordomía en la casa de Putifar, a José le esperaba naturalmente «la muerte social» en su submundo de esclavitud.

Este es un punto crucial que escapa a nuestras sensibilidades modernas de justicia y «derechos». Muchos defendemos abiertamente la idea de que si hacemos lo que Dios espera de nosotros, y nos abstenemos de pecar contra él, estaremos exentos de malas consecuencias. Como si existiera un programa de modificación conductual divino, donde cada una de nuestras respuestas «adecuadas» son premiadas con una consecuencia positiva. Pero esa forma de pensar es budista, no cristiana.

La vida de Sadrac, Mesac y Abednego, inmigrantes hebreos en el reino de Nabucodonosor (Daniel, cap. 3), refleja este mismo principio. Ellos también se llevaban bien con sus amos hasta que tuvieron que escoger entre adorar a la estatua de oro de Nabucodonosor o al Dios vivo. Cuando no se postran ante la estatua de oro y desobedecen las leyes del estado, son llevados a un juicio sumario delante del rey que les obliga a rendirle culto. Leamos:

> [15] Ahora que escuchen la música de los instrumentos musicales, más les vale que se inclinen ante la estatua que he mandado hacer, y que la adoren. De lo contrario, serán lanzados de inmediato a un horno en llamas, ¡y no habrá dios capaz de librarlos de mis manos!
> [16] Sadrac, Mesac y Abednego le respondieron a Nabucodonosor:
> –¡No hace falta que nos defendamos ante Su Majestad!
> [17] Si se nos arroja al horno en llamas, el Dios al que servimos puede librarnos del horno y de las manos de Su Majestad.
> [18] Pero aun si nuestro Dios no lo hace así, sepa usted que no honraremos a sus dioses ni adoraremos a su estatua (Daniel 3:15-18, NIV).

Sadrac, Mesac y Abednego tenían lugares privilegiados en la ciudad e imperio más poderosos de su tiempo. Eran parte de la élite social, trabajaban en la corte y eran funcionarios gubernamentales de alto rango. Pero ellos no se aferraron a su posición como el factor definidor de su relación con Dios, ni como el propósito principal de sus vidas. Si tenían que escoger entre uno y otro, la decisión les fue muy fácil y le contestan al rey con desafío: «¡No hace falta que nos defendamos ante Su Majestad!». Su posición era tan clara, su compromiso con Dios tan nítido que no había lugar para concesiones. Si la ley demandaba sus vidas por su lealtad, sus vidas y lealtad estaban en las manos de Dios, por lo tanto su confianza y fe en Dios eran absolutas. Claro que esperaban ser rescatados de una muerte aparatosa, pero no por rendirle culto al dios idólatra demandada por el estado, sino porque servían al Dios verdadero. Su fe la notamos no en la esperanza de ser rescatados de la pena de muerte, sino en su respuesta al rey sobre quién realmente está en el control de sus vidas: «Si se nos arroja al horno en llamas, el Dios al que servimos puede librarnos del horno y de las manos de Su Majestad. Pero, aun si nuestro Dios no lo hace así sepa usted que no honraremos a sus dioses ni adoraremos a su estatua» [Daniel 3:18]). Hay resultados negativos cuando optamos por no doblegarnos ante las tentaciones principales o las presiones gigantes de las autoridades para salvar nuestro pellejo. José entendió las consecuencias naturales de su negación ante los avances sexuales de su patrona y se atuvo a cualquier resultado, porque su relación con Dios le era mucho más importante que su bienestar personal. Ese abandono a la gracia de Dios, venga lo que venga, demuestra fe. Pero no es una fe superficial; ¡No puede serlo! La fe superficial concibe a Dios como un Cajero Automático, como un paladín de la justicia caricaturesco, como un abuelo que nos ofrece todo y no nos exige nada. La fe que José demuestra en este caso, es la fe que reconoce a Dios en el centro del fundamento de su vida a pesar de las circunstancias. Es la fe que dice, «Dios está en el fundamento de mi vida y me puede salvar. Pero si no me salva, de todas formas mi vida está en sus manos».

Otra clara manifestación de fe en la vida de José, tiene que ver con el área de los sueños. Los sueños de José no contienen una teofanía, como lo hemos dicho anteriormente. Es decir, no hay ninguna aparición de Dios seguida por promesas explícitas ni por reiteraciones de promesas anteriores. Al contrario, los sueños de José contienen metáforas ambiguas y a la verdad, algo narcisistas (José como protagonista central recibiendo el homenaje de sus hermanos). En vez de traer esperanza a otros, estos sueños logran crear lo opuesto: consternación y odio de los familiares. Por lo tanto, el elemento de fe viene en entender que los sueños de José son un horizonte que afectan la trayectoria de su vida, pero que no pueden ser interpretados o entendidos inmediatamente. Como metáfora, los sueños de José brindan al lector un tema futurista para entender literariamente su vida. Pero para José mismo tuvieron que haber sido muy frustrantes y esperanzadores simultáneamente. Como a todos nosotros, el tener «un sueño» nos facilita conquistar las vicisitudes presentes en camino al logro deseado. Pero, ¿cómo entendió o interpretó José sus sueños de juventud? No los sabemos. Los sueños que sí pudo interpretar, sin embargo, fueron los de otras personas.

Una vez encarcelado injustamente por las injurias y zalamería de la esposa de Putifar, José se encuentra nuevamente con el reto de empezar desde abajo en un lugar hostil. Porque si prejuicios y estereotipos son usados para segregar a las personas por su trasfondo étnico, dentro de una cárcel, esa segregación es aún mucho mas marcada y rígida. No quepa duda de que José llegó a ese lugar trepidante y ansioso sin saber lo que le esperaba. Los olores del calabozo, las quejas de ciertos reos, la comida que recibían, el abuso de poder de lo guardas, las reglas de conducta (tácitas y explícitas) y otros cuantos detalles más de ese ambiente sombrío tuvieron que afectar emocionalmente a José al llegar a la prisión y durante su larga estancia en la misma. La escritura nos dice que de todos los presidios a los que José pudo haber sido condenado, terminó en la cárcel donde estaban los prisioneros del rey (Gn 39:20b). Este tipo de prisión quizá puede reflejar un poco más de civismo en la conducta de los presos, pero no deja de ser un lugar hostil. Sin embargo, en medio de esa situación de gran peligro y angustia, prediciblemente Dios repite su patrón de bondad: «Mas el Señor estaba con José y le extendió *su* misericordia, y le concedió gracia ante los ojos del jefe de la cárcel» (39:21, LBLA). No podemos disfrazar lo precario y exasperante de la situación de José como algo positivo. El escritor de Génesis, definitivamente, no toma esa opción. Al contrario, nos dice que José era un inmigrante indocumentado, una minoría étnica en Egipto, un esclavo acusado de una gran ofensa contra un amo poderoso, y ahora, una preso más entre delincuentes finos. Una vez en la cárcel, José pudo haber pasado nuevamente por las mismas etapas de pérdida que experimentó durante su trauma inicial con sus hermanos. No sabemos cuánto tiempo le llevó reponerse psicológicamente de la calumnia y la injusticia. Pero sí sabemos que la misericordia de Dios se manifestó dándole favor con los demás, principalmente con el alcaide o carcelero principal, que le da amplias responsabilidades a José dentro del presidio real:

> [22] El encargado de la cárcel entregó en manos de José a todos los presos que había en la cárcel; y todo lo que hacían allí, José lo dirigía. [23] El encargado de la cárcel no se preocupaba de nada de lo que estaba en sus manos, porque Jehová estaba con José. Lo que él hacía, Jehová lo prosperaba (Gn 39:22-23, RVA).

Aquí vemos un patrón predecible en la vida de José que refleja su diligencia. José puede desenvolverse haciendo lo que mejor sabe hacer: cuidar. Él cuidaba las ovejas en casa de su padre, cuidaba todo el manejo de la mansión de Putifar, y ahora le es dada la responsabilidad de cuidar a todos los prisioneros de la cárcel. Podemos asumir que hizo reformas en varios aspectos administrativos del retén penitenciario para que todos tuviesen una calidad de vida mejor dentro de su enclaustramiento (mejorar la vida de otros repercute en la mejora de las condiciones personales). Allí aprendió de la cultura egipcia y de los asuntos gubernamentales que afectaban al país con los presos políticos que iban y venían.

Como toda cárcel, esta fue un lugar de aprendizaje y entrenamiento para José. La lección más grande fue precisamente, que Dios no lo había abandonado en esa pocilga, sino que le había dado las posibilidades de cambiar su condición y desenfocarse de sus cuitas proveyéndole oportunidades de servicio a los demás. Ese es un principio universal que tiene vigencia para nosotros. Servir en medio de una situación agobiante refleja fe y el resultado es tan beneficioso para aquellos a los que servimos como para nosotros mismos. He aquí la bondad de Dios. La actitud de servicio de José refleja otro aspecto importante en el desarrollo de su carácter: en vez de un adolescente petulante y narcisista, ahora es un hombre maduro y consciente de las necesidades de los demás. Esto lo podemos ver en su interacción con los oficiales de faraón.

Cuando los encuentra turbados por sus sueños, José pregunta a los oficiales:

–¿Acaso no son de Dios las interpretaciones? Por favor, contádmelo a mí (Gn 40:8, RVA).

Su actitud demuestra la ausencia de amargura, y la disposición a servir. Muchos de nosotros en su posición, hubiésemos respondido que ellos no tienen por qué estar tristes comparados con nuestra historia desgarradora y llena de victimización. Nosotros hubiésemos dicho: «¿Tú estás triste por un sueño?, ¡déjame contarte lo que me pasó a mí…!». Pero José decide servir en vez de quejarse, y lo hace con la conciencia de que su don inicial de interpretar sueños es realmente un don de Dios. «¿Acaso no son de Dios las interpretaciones?». Su carácter refleja madurez en esta situación, demostrando fe porque puede ocuparse de las necesidades de los demás, aun cuando su propia condición no sea optima. Esta es una fe que discierne que toda cosa buena y todo buen don que existe en nuestras vidas proviene de lo alto. Fe para comprobar que las bondades que recibimos son la manifestación de la misericordia de Dios. Fe de entender que Dios está en el fundamento de mi vida en este momento y que otras personas que están en otra frecuencia de vida, pueden beneficiarse del don y de las bondades que Dios me ha concedido. Como dice Rick Warren, «La gracia de Dios nos da lo que no merecemos, y la misericordia de Dios no nos da lo que merecemos». Si pudiésemos hacer una evaluación del carácter de José en este punto tendríamos que admitir que ha cambiado de arrogante a servidor; que ha dejado su dinámica impetuosa de mantener su posición de primacía para darle importancia a las necesidades de los demás. Qué interesante notar que el ejercicio de la fe y el desarrollo del carácter van de la mano. La fe de José pasó de ser una fe familiar, un conjunto de tradiciones orales de la familia y la tribu, para convertirse en una certeza personal. Ese proceso también acompaña el despojo de la túnica del Padre: pasar de una fe familiar a una fe personal, firme, razonable. Una fe que no es irracional, ni que se cierra a la realidad, sino que entiende que creer en Dios implica una confianza fundamental en la realidad, puesto que Dios es quien sostiene primordialmente la realidad (Küng, 1980).

La escena de los oficiales de faraón contándole el sueño a José, marca una nueva etapa en su vida como consejero y sabio de la corte (Von Rad, 1975/1982), porque sirve como preludio para despojarse de la túnica del trabajo y entrar en la corte faraónica. Los detalles de este encuentro con el panadero y copero de faraón son contados con un artífice literario que utiliza el paralelismo de manera efectiva. Pero esta historia ha sido narrada a través de los siglos en la literatura judía. Girón-Negrón y Minervini (2006) han publicado un tomo exquisito –*Las Coplas de Yosef: Entre la Biblia y el Midrash en la Poesía Judeoespañola*– que recoge la historia de José siguiendo el texto bíblico. Esta obra proviene de un manuscrito en aljamía hebraica con diacríticos que tiene 310 estrofas y que fue transcrita entre 1533 y 1550. Cada estrofa «...consta de cuatro versos alejandrinos divididos cada uno en un par de hemistiquios heptasílabos (cuatro versos de 7 + 7 sílabas)» (p. 49). Como están en un español antiguo, el lenguaje es pintoresco, pero su rima consonántica y su belleza artística hablan por sí solas. Leamos la interpretación de los sueños del copero y el panadero, empezando en la estrofa 41:

> 41. El rey esas sazones obo malos talentes
>   con dos sus barones que lo eran sirvientes,
>   mandó a los asayones que se fallan presentes
>   echarlos en prisiones donde estaba Yosef.

42. En la cárçel estaban, non avían fiadores
una noche suñaban y avían temores,
loego se lebantaban, non avían soltadores,
Ellos non pensaban que los soltase Yosef.

43. Yosef con bondades d'él fuerun pregontados;
«Amigos, ¿cómo estades atán desmayados?
¿Por qué non favlades y estáis callados?».
Loego sus puridades dezían a Yosef.

44. «Esta noche suñaba –le dixo el eçcançiano–
que yo ubas tomaba, fazía vino tenprano
e al rey espremía de ellas en la su mano».
Muy alegre soltava este sueño Yosef.

45. Dixo: «¡Faz alegría! ¡Non estés desmayado!
Que á de venir un día del rey serás onrado
E a tu escançianía loego serás tornado
–qué gran sabeduría sabía Yosef–.

46. De que de esta prisión tú fueres soltado,
dirás de mi ocasión a ese rey onrado,
de buena razón serás mi abogado,
que a grande traición fue preso Yosef».

47. «Tres canastillos soñaba en mi cabeça puestos,
en el más alto estaban manjares muy conpuestos,
las aves me çercaban todas sin asmamientos».
Este sueño contaba el panadero a Yosef.

48. «Aunque te ençierres non te será escusado,
más alto que adarbes tú as de ser colgado,
de luego de las abes tú serás bien çercado,
mas tú non lo sabes como lo sabe Yosef.

49. Luego el día terçero, el rey fizo alegría,
colgó al panadero, él se lo mereçía,
tornó al escançiano a su escançianía,
y salió verdadero lo que dixo Yosef.

50. El de la escançianía de cárcel fue sacado,
Yosef pençó ese día que sería su abogado,

y con la alegría úbosele olvidado,
y non se le venía mientes de Yosef.

(Girón-Negrón y Minvervini, 2006; pp. 134-135).

Los sefarditas que compilaron y escribieron esta obra incorporaron a su narrativa poética los temas éticos del Midrash que reflejan los principios de enseñanza sobre la intervención divina para salvar a su pueblo en medio del sufrimiento y peligro. Como dicen Girón-Negrón y Minervini: «Pero las Coplas de Yosef se vinculan especialmente con una fiesta judía que provee el marco de referencia al cultivo literario del tema josefino en el teatro y la poesía sefardí: la celebración de Purim» (p. 71). En otras palabras, la tradición judía ve la historia de José dentro del marco de la intervención divina en la historia para salvar a su pueblo y para entender el sufrimiento injusto.

La historia bíblica de José quedó consagrada desde antiguo como tema de los Purim por excelencia, aunada a estas ocasiones dignas de memoria, tanto por las pruebas y calamidades que supera el joven israelita y su enaltecimiento eventual en la corte faraónica, como por la propia salvación de Jacob y su familia, a quienes José, ya gobernador de Egipto, rescata de la terrible hambruna que los afligía (p. 72).

El tema de exaltación obviamente viene con el ascenso de José a la corte de faraón –el salto administrativo más grande relatado en la Biblia–. Al estar frente a faraón, que le pregunta si puede interpretar el sueño de las siete vacas y de las siete espigas, José responde con gran certeza: «No está en mí, Dios dará a Faraón una respuesta favorable» (Gn 41:16). Aquí también vemos que José se atuvo a los designios de Dios, porque al igual que al panadero, la interpretación del sueño pudo haber sido negativa. En efecto, un gran elemento del sueño de las siete vacas y las siete espigas es negativo. Pero antes de saber el contenido del sueño, José supo de quién venía la interpretación. Esto lo supo con la misma fe con que interpretó los sueños de los oficiales, porque «aconteció que tal como nos lo había interpretado, así sucedió» (41:13). De manera que al entrar en la presencia de faraón, José no pone su confianza en la buena voluntad de los oficiales, ni mucho menos usa su don para sacarle ventaja a su situación. Puesto que José sabe que Dios está en el control de su vida en toda circunstancia.

Quiero destacar como nota final a este capítulo, que la fuente de solaz en la exasperación de su encarcelamiento, la lucidez de sabiduría para reinterpretar sus experiencias y su travesía de sufrimiento fue in-dudablemente su fe. Esa fe se fomentó durante su encarcelamiento y creció durante su prosperidad como líder de Egipto. Al encontrarse de nuevo con sus hermanos, los causantes de toda su miseria inicial, José se les manifiesta y les dice:

> [5] Ahora bien, no les pese ni les dé enojo haberme vendido acá, pues para salvar vidas me envió Dios delante de ustedes… [6] Dios me ha enviado delante de ustedes para que puedan sobrevivir en la tierra y para salvarles la vida mediante una feliz liberación. [7] O sea, que no fueron ustedes los que me enviaron acá, sino Dios, y él me ha convertido en padre del faraón, en dueño de toda su casa y amo de todo Egipto (Gn 45:5.7, BJL).

La fe nos ayuda a re-interpretar la narrativa de nuestra vida, en-tendiendo el propósito grande de Dios en medio de y a pesar de las circunstancias. José entiende en su re-encuentro con sus hermanos lo que ha verificado con cada transición de su vida hasta ese momento: Dios estaba en la trama de su vida, aun cuando sus hermanos lo ven-dieron. Por eso no son ellos quienes le enviaron a Egipto, sino Dios. La fe nos ayuda a ver el pasado y el presente con una lente de propósito que nos libera de la depresión por las pérdidas del pasado, del miedo sobre el presente, y de la angustia del futuro. Y es que la fe es un grani-to de mostaza, es una semilla pequeña que puede crecer y dar gran fruto en nuestras vidas.

Capítulo 8
¿Quién... yo?

Vocacional y espiritualmente, una gran mayoría de personas cuestiona si están haciendo lo que les permite realizarse o si es que existe un proceso más, una nueva etapa, un nuevo nivel, o un mejor estadio de vida en el que puedan desenvolverse. Aquellos que son creyentes, buscan a través de la reflexión y disciplinas espirituales cómo responder a su *vocación* (del latín, *vocare*, llamar, y por extensión, *llamada*). Mientras que muchos de nosotros tenemos una idea de lo que debemos hacer para cumplir ese llamada o vocación, nuestras respuestas a la misma se complican por varios factores. De los más relevantes entre esos factores se encuentran nuestro sentido de autoevaluación y los problemas o barreras que percibimos en el camino, sean reales o imaginarios. Como hemos visto en capítulos anteriores, nuestra familia puede jugar un papel vital en el desarrollo de nuestro carácter y personalidad y por ende en cómo nos perfilamos hacia el futuro.

Desde el siglo pasado, líderes cristianos han proclamado por varios medios, la importancia de ser o de llegar a ser una *familia bíblica* en nuestras comunidades. Una de las familias bíblicas más importantes en el Antiguo Testamento (porque de ella proviene la promesa de salvación) es sin duda la familia de José y de su bisabuelo Abraham. Sin embargo, se nos ha hecho claro en los capítulos anteriores que la familia extendida de José cometió muchos errores y que era tan disfuncional que manifestó violencia, odio, incesto y engaño, obteniendo los resultados esperados de tales acciones. Obviamente, éste no era el estándar que se pregonaba en los sermones fervientes sobre la elusiva familia bíblica. Pero a esta familia disfuncional, a la familia de José, la Biblia la describe con lujo de detalle sin esconder sus faltas, porque fue Dios quien la escogió para lograr sus propósitos, y porque en su historia podemos encontrar nuestros patrones disfuncionales, al igual que la gracia de Dios que nos alcanza en medio de nuestros peores momentos. Es allí donde encontramos el elemento redentor de la «Túnica del Padre». ¿Puede Dios escogerme a mí a pesar de mi trasfondo disfuncional, con todos mis errores y problemas? ¿A mí?

¿A quién escoge (llama) Dios?

La Biblia presenta en la familia de José a seres tan humanos y falibles como cualquiera de nosotros. A veces tenemos la fantasía fundada en nuestras inseguridades o en mitos religiosos, de que Dios únicamente escoge a seres perfectos con un trasfondo admirable y sin mancilla. Pero sólo Jesucristo, Dios hecho hombre, es un ser irreprochable (Hebreos 4:15; 1 Pedro 2:22), que murió la muerte que deberíamos haber muerto nosotros, para que podamos vivir la vida que deberíamos vivir (Keller, 2011). Por lo demás, desde Adán en Génesis hasta Juan en Apocalipsis, todos y cada uno de los personajes bíblicos son falibles y absolutamente necesitados de la gracia de Dios, al igual que todos nosotros.

La tradición cristiana evangélica ha interpretado la vida de José como un ejemplo intachable de carácter e integridad moral (cf. Pink, 1925; Swindoll, 2000; Boice, 1987/1998; Borthwick, 2003, etc.). Sin embargo, como se nos hizo obvio en las dinámicas de la familia de José que resaltáramos en capítulos anteriores, aun el propio José, actuó vengativamente con sus hermanos durante su primer re-encuentro. José necesitaba tanto de la gracia de Dios para lidiar con sus resentimientos y heridas emocionales como todos nosotros. No hay nada en el texto bíblico que presente a José como un ángel o ser santificado. Al contrario, su vida no es extraordinaria porque él fuese especial, sino que siendo un ser ordinario se aferró a un Dios extraordinario en medio de la violencia familiar, la desesperanza, el abandono, la migración forzada, el abuso y la explotación. Pero José era petulante, consentido y tenía conflicto con sus hermanos. El texto bíblico jamás dice: «Dios le puso pruebas, pero José las conquistó con su actitud triunfalista». El texto bíblico dice que José cambió su estatus legal de la noche a la mañana al llegar a Egipto y ser vendido como esclavo. «Pero Dios estuvo con José...» (Gn 39:2). El mensaje de la vida de José para nosotros es que Dios nos escoge y nos utiliza a pesar de donde vengamos. La gracia de Dios se manifiesta no en la nobleza de las personas que Él llama para lograr sus propósitos en la historia (esto es simplemente arrogancia religiosa), sino en Su acto soberano de utilizarnos a pesar de nosotros mismos (esta es la gracia de Dios, que nos alcanza a través de la obra de Cristo en la cruz). El Dios que conoce cada rincón de nuestras vidas y que ha visto nuestra vileza al igual que nuestra bondad nos acepta tal y como somos porque nos ama, y nos ama porque él ve en nosotros su imagen. Sin embargo, nunca nos deja donde nos encuentra. Ninguna historia de amor termina sin que la otra persona resulte profundamente afectada a través de esa relación. El amor de Dios es tan profundo para con nosotros que naturalmente se manifiesta en compasión o misericordia para nosotros, como lo resalta el profeta Jeremías (31:3): *Con amor eterno te he amado, por tanto te prolongué mi misericordia.* Esto quiere decir que no hay nada que yo pueda hacer para merecer más (ni menos) el amor de Dios.

Es esa compasión divina la que nos afecta profundamente en nuestra relación con Dios. Pero el amor también afecta a nuestras relaciones cotidianas profundamente. Cuando recibió noticias de que su hijo estaba en estado de coma y que le quedaban pocos días para vivir porque sus órganos estaban fallando, Débora no lo pensó dos veces. Aunque su hijo Marco se encontraba en esa situación por su propia culpa, Débora sabía que el tiempo estaba contado y que este era un momento de vida o muerte. Hizo los contactos necesarios, sacó dinero de sus ahorros y voló hacia su país natal a buscar a su hijo. Para Marco, años de abuso de drogas y total descuido por su salud le habían llevado a gastar todos sus cuantiosos ingresos en una vida disipada. El problema de Marco no era su falta de éxito, ni falta de educación, ni mucho menos falta de estructura o aprecio familiar. Al contrario, él lo tenía todo, y todo lo que hacía le salía bien. Por lo tanto tomaba la vida muy ligeramente. Drogas, mujeres, fiestas, viajes, vacaciones, todo parecía venir tan fácil, y por eso se sentía invulnerable. Mezclando drogas y alcohol un día no consiguió el «high» que quería y sin darse cuenta tuvo una sobredosis que resultó en un ataque al corazón, hipoxia cerebral, y luego fallo renal. Todo esto le aconteció a Marco a los 27 años. Cuando lo descubrieron en su apartamento, su estado era crítico. Débora llegó para hablar con los doctores que le dijeron que debía hacer los preparativos para el funeral. Pero Débora guiada por su amor materno nunca aceptó que su hijo se fuera a morir de esa manera. Después de hacer los arreglos necesarios y de cubrir las costas gigantes de transportarlo en avión-ambulancia de un país a otro, Débora logró internar a Marco en un hospital estadounidense. Hoy Marco no solamente está vivo y recuperándose cada vez más, sino que su estilo de vida ha cambiado completamente. A través de las acciones de su madre, Marco comprendió el amor de Dios que nunca lo dejó en su peor situación. Las acciones de su madre contra viento y marea le afectaron de tal manera, que Marco decidió cambiar el estilo auto-destructivo de su vida en busca de un propósito y finalidad. Escuchando la historia de Débora y Marco en mi oficina descubrí un ejemplo del amor de Dios, que nos alcanza en el estado arruinado y comatoso de nuestra vida espiritual, pero que no sólo nos abriga, sino que nos rehabilita y nos lleva a un nuevo estilo de vida. Nunca nos deja donde nos encontró.

Dios toma la iniciativa de relacionarse personalmente con nosotros para llevar a cabo sus planes, simplemente porque nos ama, no porque lo merecemos, aunque esta noción perniciosa de merecer la bondad de Dios tiene varias permutaciones que debemos explorar más adelante.

«No lo merezco»

Otra respuesta ante la iniciativa de Dios para escogernos y utilizarnos (v.g., lograr nuestra vocación) es la de responderle «no lo merezco». Pero no nos engañemos, esta negación no proviene de la humildad espiritual. Al contrario, este *immeritus*, es simplemente el miedo ordinario con el que nos queremos excusar. Para muchos se nos hace fácil la excusa de que nuestro trasfondo, y las experiencias negativas de nuestro pasado nos impiden alcanzar logros mayores; o al contrario, pensamos que esas experiencias explican nuestra historia de fallos y fracasos. Nos acostumbramos a fracasar y esperamos sólo sobrevivir en el futuro. Nuestra familia ha sido tan dañina (activa o pasivamente) que nos excluimos automáticamente de cualquier posible logro que nos exija complejidad. Nótese que cuando hablo de fracaso en este sentido, no me refiero por contraste a la necesidad de vivir una vida triunfalista de prosperidad interminable. No más lejos de eso. Me refiero a que es fácil acostumbrarse a esperar poco o nada y ha quedarse satisfecho con la mediocridad o lo mínimo. En el contexto de la familia de José, es acostumbrarse a vender la primogenitura por un plato de lentejas que satisface mis necesidades básicas e inmediatas.

Sonia llegó a mi oficina y se distinguió por el contraste entre su corta edad y la magnitud de su resentimiento contra la vida. Esa amargura reflejaba cómo ella percibía las acciones de su madre como un rechazo profundo. Sonia pasaba gran parte de su tiempo llorando a solas preguntándose como pudo Dios permitir tanta crueldad y daño en su vida. Con el tiempo descubrió que ese resentimiento también lo tenía contra Dios y que su negación era realmente una pregunta desafiante: ¿Cómo se le ocurre a Dios hacerme esa pregunta de que si puedo servirle, después de todo lo que he pasado? El resentimiento disfrazado de miedo resulta ser otra forma de orgullo.

Si alguien tuvo razón para el resentimiento, ese fue José. Los hermanos lo vendieron como esclavo de manera cruel; la mujer de su nuevo amo trató de sacarle ventaja sexual y cuando no pudo, le acusó falsamente de violación. José terminó en la cárcel como un inmigrante indocumentado y con el estigma de un depredador sexual. José, en ningún momento, negó su dolor, ni lo barrió debajo de la alfombra. Pero él escogió servir, haciendo lo que sabía hacer en el lugar donde estaba. El servir aquí y ahora nos da un sentido de propósito y se convierte en un antídoto contra la amargura. Como veremos en el segundo libro de esta serie, La Túnica de Putifar, servir desencadena un proceso de transformación a nivel de personalidad y carácter que nos prepara para alcanzar nuestro potencial.

En la vida de José vemos el principio claro que nos comunica su vida: Dios puede valerse de nosotros para cumplir sus propósitos, aun cuando nuestra familia de origen haya actuado deliberadamente en nuestro perjuicio. No importa el nivel de disfuncionalidad, ni la patología manifiesta en las relaciones negativas de nuestro trasfondo, Dios no se ve limitado por esos factores para utilizarnos.

El mérito de mi sufrimiento

Existe otra respuesta de rechazo, la de pensar que mi pasado ha sido tan sufrido, que Dios me tiene que recompensar con una vida mejor, simplemente por la justicia de un tipo de talión que se cumpliría de una manera mecánica (esta forma de pensar es casi una variación del concepto budista de *karma*). En esta cosmovisión, es fácil vernos como seres especiales a los que no les puede acaecer ya más sufrimiento ni tribulación, porque todo lo sufrido en el pasado nos exime de tribulaciones futuras. En efecto, es como si Dios «nos debiera» el tratarnos bien y facilitarnos prosperidad. Yo escojo a Dios porque él me tiene que hacer justicia. En otras palabras, yo llego a él con mi sufrimiento como elemento clave para merecer su favor. Si José hubiera pensado de esta manera, le hubiese sido fácil renegar de Dios y convertirse en un ateo amargado y resentido después de su experiencia constante de victimización. José llegó a preguntarse en un momento, como lo hemos hecho todos, que hasta cuándo iba a estar en esa situación desventajosa y denigrante, como se lo deja ver al copero en la cárcel, a quien le ha augurado prosperidad. Leamos:

¹⁴ Pero cuando te vaya bien, acuérdate tú de mí. Por favor, actúa con misericordia para conmigo; haz mención de mí al faraón y hazme sacar de esta casa. ¹⁵ Porque yo fui secuestrado de la tierra de los hebreos, y nada he hecho aquí para que me pusieran en la cárcel…

²³ Sin embargo, el jefe de los coperos no se acordó de José, sino que se olvidó de él (Génesis 40:14-15, 23, RVA).

¿Cómo se habrá sentido José después de ser ignorado por el copero? Desanimado. Defraudado. Triste. Desesperanzado. Pudo haber sentido eso y mucho más. Sin embargo, en medio de ese cuadro oscuro y desesperante, José optó por seguir haciendo lo mismo que había hecho desde que llegó a la cárcel, servir. Servir, le permitió desenfocarse de sí mismo y reconocer las bondades y la misericordia de Dios en medio de su condición. Esa misma misericordia y gracia mostradas a José están disponibles para nosotros hoy en medio de nuestras circunstancias, cualesquiera que sean. Nuestra respuesta ante su misericordia y su gracia es soberana. Podemos aceptarla o estar tan enfadados con él, que la empaquetamos en una caja de vidrio y se la devolvemos en un berrinche de ira y auto-justificación. Podemos decirle: «Tú me debes algo más que gracia y misericordia. Tú me debes la rectificación de mi situación tal y como era antes». Podemos decirle, en efecto, que Dios nos debe una vida mejor, una situación social mejor, etc. Qué interesante, que mientras lo que nosotros podemos demandar en medio de nuestra ira y resentimiento (activo o pasivo) es una restauración del pasado, Dios en su amor y bondad nos quiere llevar a una realización de nuestro futuro, de nuestro potencial.

Pensar que Dios me debe algo (y por lo tanto que la comunidad y sociedad en que vivo me deben algo) es creer que mi sufrimiento me da el mérito necesario para recibir el amor de Dios. Este es un hueco tenebroso en el que muchos podemos caer. En efecto, yo he trabajado con personas que confiesan perder su fe en Dios porque se sienten defraudados y abandonados cuando no obtienen de la vida lo que esperan. Otros sienten que todo el concepto de Dios fue una gran mentira, un cuento de hadas que tenía sentido en la inocencia infantil, donde uno era susceptible a explicaciones mágicas de la realidad, pero que ahora que uno ha vivido las crueldades y realidades de la vida, este cuento del amor de Dios y de su presencia en nuestras vidas no tiene ninguna relevancia. Si existe un Dios, según ellos les debe tantas explicaciones y rectificaciones, que hasta que las injusticias que han sufrido no cambien completa y objetivamente, jamás reconsiderarán volver a creer en él. Dado el nivel de maldad e injusticia que hay en el mundo en que vivimos, esta posición es muy común.

Una tercera opción es la de reaccionar con un sentido distorsionado de la importancia y agresividad en las relaciones interpersonales, escondiendo el dolor ocasionado por las injusticias del pasado y, a la vez, tratando de tapar una abrumante sensación de incapacidad e insuficiencia interpersonal con una ira disfrazada de auto-confianza. El resultado de esta dinámica es pagarle a la sociedad con insensibilidad por haber sido víctima de la misma en el pasado. La amargura y la ira dominan todos los pensamientos en este patrón de respuesta.

Cuando estudiamos la vida de José, nos encontramos que Dios no lo bendijo por ser el favorito de su padre, ni mucho menos por ser el más bien parecido, o por ser un administrador capaz y esmerado. Dios escogió, bendijo, utilizó e hizo prosperar a José por un acto magnánimo de Su voluntad, no solamente antes de que José tuviera conciencia de Dios en su vida, sino especialmente durante sus dificultades (cf. Génesis 39:2-6; 21-23). Dios no nos debe nada, porque él lo ha pagado todo en la vida y obra de Jesucristo en la cruz. El coste para él estuvo lleno de sufrimiento. Jesús mismo… «*Fue despreciado y desechado de los hombres, varón de dolores y experimentado en aflicción* (NBH, Isa. 53:3). En vez de debernos algo, Jesús nos alcanza en nuestras circunstancias dolorosas con el consuelo de conocer y entender el peso de nuestro sufrimiento, brindándonos el regalo de su paz a través del perdón. Es un intercambio tan simple y tan complejo a la vez: la aceptación de lo que él hizo por mí (mi fe) a cambio de su perdón (Su gracia).

El mérito de mi bienestar

La otra tentación es pensar que nosotros no podemos llegar a Dios hasta que tengamos todos nuestros asuntos en orden. A veces creemos que tenemos que llegar a un punto de gran bienestar personal y de auto-realización para empezar a hacer lo que Dios espera de nosotros. Como resultado, dilatamos o posponemos nuestra disponibilidad, hasta que en algún momento estemos listos. Pero ese momento jamás llega porque nunca vamos a merecer ir a Dios con nuestra vida arreglada para que entonces él pueda utilizarnos. Esa «meritocracia» quizá sirva en nuestra profesión. Pero nunca trabaja con el Dios de la Biblia, porque la iniciativa siempre viene de Dios hacia nosotros, precisamente donde estamos y a pesar de cómo estamos. Este punto lo argumenta Keller (2009), en su discusión sobre los ídolos de nuestras vidas, cuando pone de relieve que muchos de nosotros intentamos mantener con Dios una relación de deuda; así pensamos que Dios está en deuda con nosotros, porque nosotros nos hemos sacrificado por él, dándole lo mejor que podemos darle, a fin de que él nos lo pague. Sin embargo, Dios trabaja al revés. Él nos ofrece a nosotros gratuitamente y por amor lo mejor de sí: su propio Hijo, quien llevó sobre sus hombros lo peor de nosotros, muriendo en la cruz. La deuda es de nosotros hacia Él, nunca al revés. Y la deuda es total, nada menos que toda nuestra vida, a pesar de las circunstancias.

La mediocridad de mi bienestar

Si ni mi sufrimiento ni mi crecimiento personal sirven suficientemente de canje para tener una vida plena con Dios, ¿por qué Él me escoge a mí? ¿Acaso no sería mejor evitar ese problema de estar en la mira de Dios para crecer como persona y así escapar a todas esas incomodidades y sufrimientos? La respuesta es: *por supuesto que sí*. Pero el precio de tal opción es un estancamiento perenne, es un trastorno grotesco de nuestra hipófisis espiritual, que nos deforma en la glotonería de nuestra satisfacción mediocre. Es la misma historia de Marco. Todo le salía bien con poco esfuerzo y por lo tanto él no valoraba nada. Todos los recursos los conseguía fácilmente y esto daba como resultado un aburrimiento general, que en vez de gratificarlo lo llevaba a la autodestrucción. En algún momento, su éxito lo llevó a pensar en cruzar la raya que dice: «No pise la grama», a ver si de verdad las reglas funcionan. Nuestra tendencia natural cuando estamos cómodos es la de buscar el camino de menor resistencia y sacarle ventaja a las situaciones. Esto es un patrón universal, porque refleja nuestra naturaleza humana.

Se habrá preguntado usted alguna vez, ¿qué habría sucedido con la vida de nuestro personaje José si su situación no hubiese cambiado? Hay varias posibles respuestas. Primero, nunca hubiese dejado de vestir la túnica de su padre. Vemos en el texto de Génesis 37 que la túnica de muchos colores marcaba el menosprecio de Jacob por sus demás hijos, recordándoles que Rebeca y ahora su hijo José eran sus preferidos, mientras que los demás hijos, representaban de algún modo la mala jugada que le hiciera Labán (Gn 29:13-30) de engañarlo con Lea. Esta dinámica de preferencia hacia José era descaradamente ventajosa para con él, y como todos noso-tros, José no hubiese dejado esa dinámica por su propia cuenta.

José se desenvolvía desde joven con su capacidad de administra-ción. Su padre lo puso a cuidar de las ovejas y aparentemente, José cuidaba no solamente de las ovejas, sino también de los intereses de la hacienda de su padre. Esto involucraba informar a Jacob de la «mala fama de sus hermanos» (Génesis 37:2b) y de ir a vigilarlos bajo las ór-denes de su padre (37:14). Vistiendo la túnica de su padre, José no era consciente del impacto de su conducta y de sus acciones sobre los de-más. Él tomaba por sobre-entendido los privilegios que le daba su pa-dre. Como su padre le favorecía, a José le era normal sentirse superior a sus hermanos. Es decir, que al mantener la comodidad de su condi-ción, tan bien intencionada como parecía ser, José les estaba causando un daño profundo a sus hermanos, a su padre (por perpetuar la caren-cia afectiva contra sus otros hijos), y a sí mismo. Pero al igual que con todos nosotros, cuando uno está dentro de la dinámica familiar es im-posible ver los efectos corrosivos del favoritismo, o de la rivalidad en-tre hermanos. La situación era muy ventajosa para José en ese momen-to. Como niño bonito de su padre, no es que pudiera salirse con la suya siempre, sino que nunca podía hacer nada malo. Todos reconocemos a un «José mimado» en nuestras familias. Por su puesto que le convenía mantener ese estado de disfuncionalidad familiar, porque era tempo-ralmente ventajoso. Y así es con toda disfuncionalidad familiar: es mantenida por aquellos que están siendo beneficiados.

No obstante, los grandes talentos y el potencial de José, que pudo llegar a gobernar efectivamente a una nación entera y ser el controla-dor del imperio egipcio y el visir de Faraón, si se hubiese quedado con su túnica familiar, la historia hubiera incluido disputas perennes entre hermanos, desembocando en un posible acto real de fratricidio.

Manteniendo la Túnica del Padre, el potencial de José estaba limi-tado a lidiar con la herencia de su padre, para quizá llegar a tener más posesiones que Jacob. Culturalmente, este era un ensanchamiento de las expectativas puestas en el onceavo hijo, pero Jacob lo veía como el primogénito de su esposa favorita, y por lo tanto le da la herencia de la primogenitura –doble porción– (cf. 1 Crónicas 5:1-2). No quepa duda que José llegó, en efecto, a tener más que su padre y sus hermanos, no sólo en riquezas, sino en poder, en reconocimiento y en influencia in-ternacional. Pero esto se logró sólo porque José fue despojado forzosa-mente de la Túnica de su Padre.

En efecto, José podía haber sucumbido ante la gran tentación de quedarse satisfecho con cada etapa de su vida. En casa de Putifar, por ejemplo, José fue víctima de los deseos pasionales de la mujer del amo de la casa. Las tradiciones hebreas y árabes sobre José, identifican a esa mujer como Zuleika (Bernstein, 2006). Sin embargo, el canje entre ellos dos no necesita nombre para ser identificado. Aquí hay un diferencial de poder y ella quiere sexo de un joven inmigrante e indocumentado a cambio de garantizarle su trabajo. Esto ocurre en todos los países del mundo docenas de veces al día. El hecho de que su esposo, Putifar, fuese el militar a cargo del aparato de seguridad del estado, pone la situación de José en un contexto más claro: ¡José tenía todas las de perder! Como esclavo no tenía ningún «derecho», y peor aún, como inmigrante discriminado en esa sociedad, tenía menos defensa. Indudablemente, esto se lo recalcaría la esposa de Putifar constantemente. José pudo dejarse abusar sexualmente para salvar su pellejo. Hubiese sido, sin lugar a dudas, una decisión muy pragmática, además de ser muy común. En este escenario, salvar su posición le hubiese costado su dignidad, dejándolo mucho más vulnerable a consecuencias peores. Al cansarse de él, la esposa de Putifar lo hubiese delatado de todas maneras. En vez de terminar en la cárcel, José hubiese terminado en un basurero torturado o desparecido, opciones altamente probables entre elementos de la inteligencia militar.

Finalmente, José se pudo haber quedado contento en la cárcel, conociendo a gente interesante (presos políticos, altos funcionarios o militares) y realizando su trabajo a cambio de sustento básico y el aprecio de todos. Esta es una dinámica muy común entre personas que enfrentan a la adversidad: Les va bien por un tiempo, pero cuando son victimizados deciden limitarse en sus actividades. Después del problema o trauma, no quieren hacerse notar, quieren vivir debajo de la detección de cualquier radar social sin atraer la atención, haciendo algo muy básico, pero totalmente cómodo. Esta opción también tiene un precio grande.

El peligro del éxito

Ya hemos dicho que nuestro personaje bíblico José, al igual que mi paciente Marco eran la clase de personas a las que todas las cosas les salían bien. En el caso de José su apariencia física lo destacaba entre sus hermanos. Su capacidad de ejecutar su trabajo, con tanta efectividad en cualquiera de sus ámbitos de desempeño, le ayudaba a obtener la estima especial de sus superiores. Empezando por su padre, y luego con Putifar, con el carcelero y al fin con faraón, José podía impresionarlos a todos por su habilidad de hacer su trabajo fácil y excelentemente. Pero cuando personas de alta capacidad no tienen ningún reto en su vida intelectual o profesional, la auto-destrucción o el auto-sabotaje forjados por el aburrimiento pueden estar a la vuelta de la esquina. Yo he seguido de cerca la caída de personas muy capaces por acciones auto-destructivas y el patrón de conducta que es descrito gustosamente por los medios de comunicación, sigue más o menos este guión: *Fulano de tal* (léase persona destacada) *fue encontrado haciendo exactamente lo que deploraba*. Podemos sustituir en ese guión el nombre de alguien que conocemos o el de figuras públicas caídas en desgracia, sin embargo, el resultado es el mismo. El fiscal que perseguía la corrupción fue encontrado usando fondos públicos para pagar a prostitutas de alto nivel. El político que exaltaba los valores familiares fue descubierto con una amante. El ministro que exhortaba a dar a los pobres, fue descubierto malversando fondos de la iglesia, etc. Precisamente estas incongruencias son las que suplen el combustible a las acusaciones de hipocresía y farsa con que algunas personas juzgan a la Iglesia. Sin embargo, para ser realmente honestos, probablemente que todos hemos actuado hipócrita o falsamente en algún momento. Es un código arraigado en nuestro ADN conductual. Y para dejar toda pretensión de que nosotros somos mejores que muchos hipócritas, nos resulta imperante entender que somos capaces de y vulnerables para hacer lo mismo o aún peor en cualquier momento. ¿Acaso eso me puede pasar a mí?

Paradójicamente, las caídas espectaculares ocurren después de que personas exitosas lo han logrado todo y no hay más retos en su vida. Clínicamente, es lo que se conoce como anhedonia, o la incapacidad de experimentar placer, que en algunos casos puede reflejar depresión. En la búsqueda de algo emocionante para romper la rutina y el aburrimiento del éxito, la persona explora y hace cosas totalmente fuera de su perfil con el fin de sentir una sensación excitante que reemplace o supere a la emoción que antiguamente le era facilitada por los logros y la actividad profesional. En el 2008, por ejemplo, Eliot Spitzer, el entonces gobernador de Nueva York, tuvo una caída espectacular. Durante años había logrado argumentos en contra de la mafia y de corporaciones que estaban involucradas en fraude y crímenes financieros. Tanto éxito tuvo en su carrera como fiscal, que fue elegido como gobernador de ese estado con una mayoría abrumante (69% del voto). Pero una vez en el poder, la frivolidad de gobernar buscando consenso, y la falta de logros rápidos y seguidos (como los de su carrera en la fiscalía), lo tenían aburrido. Los hechos reflejan que 14 meses después de entrar en la mansión gubernamental, el paladín de la justicia fue ligado a un servicio de prostitución exclusivo que le cobraba $15,000 por «citas» con chicas finas de la calle. Al final se supo que su problema empezó ya cuando estaba en la fiscalía y que había usado ciertos fondos públicos para cubrir sus indiscreciones en torno a unos $80,000. Pero el precio económico no fue nada en comparación con el coste de su reputación y el impacto para su familia. Su historia, pudo haber sido la de cada uno de nosotros, simplemente porque así actúa el corazón humano.

Usted dice: «Eso le sucede a una persona que no tiene a Dios». Pero la realidad es que nadie es inmune. En la Biblia, por ejemplo, nos encontramos con la historia de David. Un hombre «de acuerdo al corazón de Dios». En el tiempo más exitoso de su vida político-militar, David mira desde su balcón a una mujer hermosa que se bañaba en la terraza de su casa, a vista plena del rey. Esto no era televisión, era en vivo. Leamos:

> [2] Una tarde, al levantarse David de la cama, comenzó a pasearse por la azotea del palacio, y desde allí vio a una mujer que se estaba bañando. La mujer era *sumamente* hermosa, [3] por lo que David mandó que averiguaran quién era, y le informaron: «Se trata de Betsabé, que es hija de Elián y esposa de Urías el hitita». [4] Entonces David ordenó que la llevaran a su presencia, y cuando Betsabé llegó, él se acostó con ella. Después de eso, ella volvió a su casa. Hacía poco que Betsabé se había purificado de su menstruación, [5] así que quedó embarazada y se lo hizo saber a David (2 Sm 11: 2-5, NVI).

En el momento de este suceso en la vida del rey, David tenía 9 esposas y 10 concubinas. De manera, que la razón de acostarse con Betsabé no tenía nada que ver con sus necesidades físicas o emocionales. David lo tenía todo, y tenía un nivel de aprobación de gobierno envidiable, como nos dice la Biblia: «… En realidad, todo lo que hacía el rey les agradaba [al pueblo]» (2 Sm 3:36b). David llegó a esa situación con Betsabé por su propia decisión, en medio de su aburrimiento. Ese aburrimiento, que pudo haber sido anhedonia, le llevó a David a desarrollar lo que todos nosotros hacemos en una situación similar: una vida secreta. David mantuvo el secreto de haber dejado en cinta a la mujer de su vecino por un tiempo corto y luego se las inventó para deshacerse del problema, tratando de encubrirlo todo:

> [6] Entonces David le envió este mensaje a Joab: «Mándame aquí a Urías el hitita». Y Joab así lo hizo. [7] Cuando Urías llegó, David le preguntó cómo estaban Joab y los soldados, y cómo iba la campaña. [8] Luego le dijo: «Vete a tu casa y acuéstate con tu mujer». Tan pronto como salió del palacio, Urías recibió un regalo de parte del rey, [9] pero en vez de irse a su propia casa, se acostó a la entrada del palacio, donde dormía la guardia real.

Las acciones de David se deben entender dentro de su cultura. Una mujer embarazada en ausencia de su marido tenía como consecuencia una opción: morir apedreada por cometer adulterio. La ley del país en el tiempo de David era cristalinamente clara en este punto: [10] «Si un hombre comete adulterio con una mujer casada, si comete adulterio con la mujer de su prójimo, el adúltero y la adúltera morirán irremisiblemente» (Lv 20:10, RVA). Por lo tanto, alguien tenía que desaparecer del triángulo: La ley decía que los adúlteros debían morir. David decidió que era más conveniente deshacerse de Urías, dejándolo morir en el campo de batalla con el fin de mantener el silencio y su vida secreta. En nuestras vidas secretas instigadas por la anhedonia, siempre vamos a cometer acciones que parecen no hacerle daño a nadie, haciéndonos la ilusión de que tenemos todo bajo control y que nadie se tiene que enterar. Pero en el proceso, algo siempre muere, y alguien siempre resulta profundamente herido. En la historia de David, no sólo muere Urías, sino también el hijo ilegítimo de David. Cuando mantenemos una vida secreta contra viento y marea, siempre muere algo –nuestra dignidad, nuestras relaciones, nuestros sueños, nuestro futuro–. Claro está que la vida secreta no sólo tiene que ver con indiscreciones sexuales. El poder, el dinero, el abuso de sustancias, las posesiones, hobbies, los juegos de azar, adicciones, etc., todos pueden convertirse en el centro de la vida secreta de nuestros vecinos, familiares, amigos y conocidos. La gran mayoría de las veces son parte de nuestras propias vidas secretas. Líderes, ministros, y otras personas muy admirables lo han perdido todo antes que perder su vida secreta. Esto lo comprobamos muchos recientemente, cuando un conocido profesor y pastor del New Orleans Baptist Theological Seminary, se suicidó después de que su nombre fuera descubierto en la nómina de usuarios de Ashley Madison por un «hacker»[1]. Si estamos viviendo una vida secreta causada por la anhedonia o cualquier otra razón, es crítico reconocer que la única salida es exponerla buscando una persona sabia con quien hablar y confesar nuestras circunstancias. También ayuda mucho ser transparentes con nuestros seres queridos y, en algunos casos, buscar ayuda profesional. El coste de exponer esa vida secreta es ínfimamente menor al de mantenerla. Me ha sido muy común encontrar lo sorprendidas que quedan las personas con el perdón y la aceptación de los demás al exteriorizar sus secretos, sin mencionar la paz interior que encuentran al intercambiar la culpa y la ansiedad fóbica de ser descubiertos por el ancla estabilizadora de la verdad.

Quedarse satisfecho con la etapa en que estamos o con la mediocridad es una tentación muy grande. Estoy seguro, que José hubiese hecho todo lo posible por mantener y salvaguardar su posición dentro de su familia, o sea, por mantener la Túnica del Padre. Haciendo esto, José, en su ámbito natural y con sus méritos propios, hubiese sido otro individuo de alto calibre con muchos logros, pero sin satisfacción. José hubiese logrado varias cosas en la casa de su padre y en sus actividades comerciales por su esmero, sus proclividades ejecutivas y su cuidado por el valor de las cosas. Pero en el proceso, se hubiese aburrido tanto de la facilidad de lograr todas sus metas que estaría siempre buscando algo más para quedar satisfecho y llenar el vacío de su vida. Quizá lo hubiese intentado llenar adquiriendo más ganado, o más camellos, o aun más sirvientes; todos símbolos de riqueza y prosperidad en su sociedad antigua. Pero, ¿cuántas posesiones (camellos o Ferraris) se necesitan para estar satisfecho? O quizá José hubiese intentado llenar el vacío en su vida con conquistas territoriales para conseguir el precioso líquido de su tiempo, el agua, y así ganar más poder. Pero, ¿cuánto poder es suficiente para sentirse seguro? O muy posiblemente, José hubiese buscado tener esposas y concubinas para halagar su ego masculino, confirmando el magnetismo de su apariencia e intentando así satisfacer la necesidad de afecto en su vida. Pero, ¿cuántas conquistas son suficientes para halagar el ego si esa otra persona se ve tan atractiva? Como dice Keller (2009), siguiendo el concepto de San Agustín de Hipona, ese vacío tiene la forma de Dios y sólo él puede llenarlo satisfactoriamente. José llegó a depender de Dios cuando su túnica familiar le fue arrebatada.

---

1. *http://www.christianpost.com/news/beloved-pastor-and-seminary-professor-commits-suicide-after-being-exposed-in-ashley-madison-hack-144920/#RAxS62wKM6V0AQyU.99*

Si José nunca hubiera salido de Canaán quedándose como heredero de la fortuna de su padre, tenemos que considerar la alternativa de que José hubiera interpretado todo su bienestar como la bendición de Dios por ser bisnieto de Abraham. Es decir, que Dios lo escogió «porque no le quedaba otra». ¿A quién más de los hermanos iba a escoger Dios, si ellos tenían mala fama y él era el príncipe entre los hermanos con sueños auspiciosos, además de ser el favorito de su padre Jacob? Esto hubiese hecho de José alguien con «un derecho» a recibir la bendición de Dios, el mismo tipo de actitud que hace tiranos a las personas más bien intencionadas.

Es por eso, que Dios sabe que la Túnica del Padre en nuestras vidas (con todas sus dinámicas y aparentes beneficios) sólo la dejamos ir cuando nos es arrebatada, porque no la vamos a soltar voluntariamente:

> [23] Y sucedió que cuando José llegó a sus hermanos, despojaron a José de su túnica, la túnica de muchos colores que llevaba puesta; [24] y lo tomaron y lo echaron en el pozo. Y el pozo estaba vacío, no había agua en él (Gn 37:23-24, LBA).

Este es el proceso inevitable que Dios usa en nuestras vidas. Todos tenemos una túnica familiar que representa comodidad, seguridad temporal, o satisfacción. Puede ser nuestro apellido, o puede ser la reputación de mi familia en la sociedad, o el negocio que ha existido por generaciones, o las tierras, casas o posesiones que nos dan un sentido de identidad por representar algo de nuestro linaje. Sea cual fuere esa *túnica*, en algún momento seremos despojados de ella. La razón es simple: No tenemos idea de cómo esa *túnica* está afectando a nuestras relaciones con los demás, y al resultarnos tan cómoda no estamos dispuestos a considerar el punto de vista ajeno. Queremos usar esa ventaja temporal para reclamar nuestro «puesto justo» en la familia (la familia de origen, la familia de la iglesia, de la sinagoga, la familia de la compañía, el trabajo, etc.). No vamos a soltarla bajo ninguna circunstancia. Representa tanto de nuestra imagen, que no tiene sentido dejar de usarla. Pero también representa todas las dinámicas dañinas que generan un techo a nuestro potencial y crecimiento. Por eso, Dios usa circunstancias en nuestras vidas para despojarnos de esa túnica. Y es así como llegamos a nuestra llamada, a nuestra vocación –despojándonos de la Túnica del Padre–. ¿Qué circunstancias han tenido lugar en tu vida que te han despojado de tu túnica familiar?

Paradojas y transición

La Túnica del Padre nos habla de varios elementos contradictorios en nuestra vida, de paradojas que necesitan ser reconocidas y procesadas, porque pueden afectar a nuestro desarrollo espiritual, emocional, y personal. A manera de resumen:

a) La Túnica del Padre representa las dinámicas que nos mantienen cómodamente en nuestra posición actual, pero a la vez nos limitan enormemente para alcanzar nuestro potencial futuro.

b) A pesar de limitarnos ese potencial, no es una excusa para que Dios no nos utilice. Dios puede utilizarnos a pesar del sufrimiento, estragos o disfuncionalidad que esa túnica haya causado en la historia de mi familia (v.g., familia de origen, familia inmediata, familia de la iglesia, familia de la institución, o del trabajo, etc.).

c) La Túnica del Padre contiene una semilla fértil de mediocridad, que nos impulsa a aferrarnos a ella intensamente, a mantenerla para estar cómodos, por lo tanto de alguna manera será arrebatada de nosotros para que podamos crecer.

d) La Túnica del Padre nos puede traer éxitos naturales que reflejan nuestros talentos, proclividades y logros personales. Sin embargo, el éxito constante se puede convertir en la semilla de nuestra propia auto-destrucción al entrar en una vida fácil y anhedónica.

e) La Túnica del Padre nos llega por herencia, o sea, que no la podemos escoger. Si creemos en un Dios personal que controla la historia, también tenemos que creer en que el contexto en que nacimos no fue ningún accidente; por ende, la Túnica del Padre en mi familia tampoco es un accidente. José nació a propósito en su familia, con todas sus ventajas y desventajas.

f) Yo puedo alcanzar mi potencial, mi llamada, mi vocación en la vida a pesar de mi trasfondo. Dios me brinda su gracia y su favor para lograrlo. Manteniendo mi fijación en la Túnica del Padre, me quedo estancado en un estadio mediocre, pero cómodo.

g) El despojo de la Túnica del Padre llega con circunstancias, con cambios, con crisis. Una de esas crisis se da por conflictos familiares agudos que nos fuerzan a entrar en otro estadio de vida. Para José, al igual que para millones de personas en nuestro mundo actual, ese cambio puede involucrar la migración o el desplazamiento geográfico a un nuevo ambiente.

h) Sea un cambio geográfico o no, el despojo de la Túnica del Padre nos lleva a una transición, donde empezamos de nuevo. Para José eso significó el vestir una nueva túnica, la Túnica de Putifar, el tema del próximo libro en esta serie.

Conclusión

En este libro hemos analizado la historia de José, que en términos literarios es una novela dentro del libro del Génesis, capítulos 37-50 (Coats, 1976; Westermann, 1982), y que se desarrolla en etapas que concuerdan con las túnicas que lleva puesta José. Este es el primer libro en la serie sobre las Túnicas de José. Los siguientes libros, La Túnica de Putifar y luego la Túnica de Lino Fino, desarrollarán la unidad literaria de la historia de José, utilizando una óptica psicológica sobre esta historia, que ha sido interpretada a través de los siglos por eruditos hebreos, islámicos y cristianos, resaltando múltiples significados. En el presente trabajo estamos destacando los elementos conductuales representados por La Túnica del Padre y nos hemos centrado mayormente en los capítulos 37-39. Lo que se nos hace palpable, ya sea al concientizarnos de las herramientas literarias del autor del Génesis o de los patrones de conducta en la vida del personaje, es que el desarrollo de la vida de José se da fijamente con el despojo de una túnica para vestir otra. José pierde la Túnica del Padre, pero es revestido con la Túnica de Putifar, o sea, la túnica del sufrimiento y pérdida forzada, donde debe empezar de nuevo para sobrevivir en un contexto ajeno como inmigrante. Estas transiciones de cambio, que nunca van a faltar en nuestras propias vidas, empiezan siempre con un conflicto, seguidas de despojamientos (voluntarios o forzados) y de un pozo oscuro – el pozo de la transición–, tema que abordaremos en el siguiente libro.

Bibliografía

Abegg, M. G. Jr. (2003), *Qumran sectarian manuscripts* (4Q474 0:0), Bellingham, WA, Logos Research Systems, Inc.

Achtemeier, P. J. (ed.) (1985), *Harper's Bible dictionary*, Harper & Row, San Francisco (p. 312).

Alter, R. (1996), *Genesis: Translation and Commentary*, W. W. Norton & Co., New York.

Ancient Near East: An anthology of texts and pictures (1958) (J. B. Pritchard [ed.]), Princeton University Press, Oak Harbor, WA, Logos Research Systems.

Anónimo (sin fecha), *Código de Hammurabi*, Luarna Ediciones. Descargado de http://www.scribd.com/doc/118091085/Codigo-de-Hammurabi, 23 de Noviembre, 2013.

Archer, G., Jr. (1994), *A survey of Old Testament introduction* (3ª. ed.), Moody Press, Chicago.

Asencio, M. (2012), *Marianismo*, en *Encyclopedia of Immigrant Health*, Springer, New York (pp. 1046-1048).

Baring-Gould, S. (2004), *Legends of the Patriarchs and Prophets and Other Old Testament Characters*, Kessinger, Whitefish, MT (Edición original 1881).

Bernstein, M. S. (2006), *Stories of Joseph: Narrative migrations between Judaism and Islam*, Wayne State University Press, Detroit.

Biblia de Jerusalén Latinoamericana (2007), Desclée de Brouwer, Bilbao.

Bird, P. A. (1997), *Missing Persons and Mistaken Identities: Women and gender in ancient Israel*, Frotress Press, Minneapolis, MN.

Black, S. (Productora) y Brand, S. (Director) (2008), *Paraíso Travel* [Película], México: Quality Films.

Blair, T. (2014). *Family*, en D. Mangum, D. R. Brown, R. Klippenstein, & R. Hurst (eds.), *Lexham Theological Wordbook*, Lexham Press, Bellingham, WA [Libro digital no paginado].

Borgman, P. C. (2001), *Genesis: The Story We Haven't Heard*, Intervarsity Press, Downers Grove, IL.

Borthwick, P. (2003), *Joseph: How God builds character*, Intervarsity Press, Downers Grove, IL.

Briscoe, D. S., & Ogilvie, L. J. (1987), *Genesis*, The Preacher's Commentary Series (vol. 1, p. 346), Thomas Nelson Inc, Nashville, TN.

Brodie, T. L. (2001), *Genesis as Dialogue*, Oxford University Press, New York.

Brown, F., Driver, S. R., & Briggs, C. A. (2000), *Enhanced Brown-Driver-Briggs Hebrew and English Lexicon. Strong's, TWOT, and GK references*, Oak Harbor, WA, Logos Research Systems, Inc. (electronic ed.) (XIII).

Brueggemann, W. (1982), *Genesis: A Bible commentary for teaching and preaching*, John Knox Press, Atlanta.

Callender, D. E. (1998), *Servants of God(s) and Servants of Kings in Israel and the Ancient near East*: Semeia 1983/1984, 68.

Castell, B. D., Kazantzis, N., & Moss-Morris, R. E. (2011), *Cognitive Behavioral Therapy and Graded Exercise for Chronic Fatigue Syndrome: A Meta Analysis*: Clinical Psychology: Science and Practice 18 (4), 311-324.

Charlesworth, J. H. (ed.) (1983), *The Old Testament Pseudopigrapha* I. *Apocalyptic literature and testaments*, Doubleday, New York.

Charlesworth, J. H. (ed.) (1985), *The Old Testament Pseudopigrapha* II. *Expansions of the "Old Testament" and legends, wisdom and philosophical literature, prayers, psalms and odes, fragments of lost Judeo-Hellenistic works*, Doubleday, New York.

Coats, W. (1976), *From Canaan to Egypt: Structural Theological Context for the Joseph Story*: Catholic Biblical Quarterly, vol. 4.

Collins, J. J. (1984), *Testaments*, en M. E. Stone (ed.), *Jewish writings of the second temple period: Apocrypha, Pseudopigrapha, Qumram sectarian writings, Philo, Josephus*: Compendia Rerum Iudaicarum ad Novum Testamentum, 2:2. (pp. 325-355), Fortress, Philadelphia.

Dallek, R. (2003), *An Unfinished Life: John F. Kennedy, 1917-1963*, Little, Brown, Boston.

Davila, J. R. (1994), *Discoveries of the Judean Desert XII*, Oxford Press, New York.

Davis, J. J. (1975), *Paradise to Prison: Studies in Genesis*, Baker Book House, Grand Rapids, MI.

De Jong, M. (1953), *The Testaments of the Twelve Patriarchs: A study of their text, composition and origin*, Van Gorkum, Assen.

De Jong, M. (1978), *The Testaments of the Twelve Patriarchs: A critical edition of the Greek text*, Brill, Leiden.

De Vaux, R. (1965), *Ancient Israel* I-II (traducido por J. McHugh), McGraw-Hill, New York (Edición original de 1958).

deSilva, D. A. (2002), *Introducing the Apocrypha: Message, context, and significance*, Baker Academic, Grand Rapids, MI.

Díez Macho, A., Navarro, M. A., De la Fuente, A. & Piñero, A. (1983a), *Apócrifos del Antiguo Testamento* I, Cristiandad, Madrid.

Díez Macho, A., Navarro, M. A., De la Fuente, A. & Piñero, A. (1983b), *Apócrifos del Antiguo Testamento* II, Cristiandad, Madrid.

Díez Macho, A., Navarro, M. A., De la Fuente, A. & Piñero, A. (1983c), *Apócrifos del Antiguo Testamento* III, Cristiandad, Madrid.

Díez Macho, A., Navarro, M. A., De la Fuente, A. & Piñero, A. (1983d), *Apócrifos del Antiguo Testamento* IV, Cristiandad, Madrid.

Dios Habla Hoy: La Biblia, versión popular (1979), Editorial Mundo Hispano, El Paso, TX.

Docherty, S. (1984), *Josheph and Asenath: Rewritten Bible or narrative expansion?*: Journal for the Study of Judaism 35, 1, pp. 27-48.

Drane, J. W. (2000), *Introducing the Old Testament*, Lion Publishing, Oxford.

Du, Y., Park, A., Wang. S. (2005), *Migration and rural poverty in China*: Journal of Comparative Economics 33, 688-709.

Ehlers, A. y Clark, D. M. (2000), *A cognitive model of posttraumatic stress disorder*: Behaviour Research and Therapy 38 (4) 319-345.

Elwell, W. A., & Beitzel, B. J. (1988), *Levirate. Marriage,* en *Baker Encyclopedia of the Bible* (462 y 1327), Baker Book House, Grand Rapids, MI.

Elwell, W. A., & Comfort, P. W. (2001), *Bilhah (person),* en *Tyndale Bible dictionary* (pp. 213-214), Tyndale House Publishers, Wheaton, IL.

English, B., & Canellos, P. S. (2009), *Last Lion: The Fall and Rise of Ted Kennedy,* Simon and Schuster, New York.

Falicov, C. J. (1998), *Latino Families in Therapy: A Guide to Multicultural Practice,* Guilford Press, New York.

Finley, M. I. (1980), *Ancient Slavery and Modern Ideology,* Penguin, Harmondsworth.

Fraade, S. D., Shehesh, A, & Clements, R. A. (eds.) (2006), *Rabbinic Perspectives: Rabbinic literature and the Dead Sea Scrolls,* Leiden, Boston.

Freeman, J. M., & Chadwick, H. J. (1998), *Manners & customs of the Bible,* Bridge-Logos Publishers, North Brunswick, NJ, p. 43.

Friedman, E. (1996), *Generación a generación: El proceso de las familias en la iglesia y la sinagoga,* Eerdmans, Buenos Aires.

García Márquez, G. (1986), *Cien años de soledad,* Editorial Diana, México.

Gerstenberger, E. S. (2005), *Women in Old Testament Legal Procedures 1,* en *Lectio Difficilior: European Electronic Journal For Feminist Exegesis.* (http://www.atria.nl/ezines/web/LectioDifficilior/2005/No1/lectio/gerstenberger_women_in_old_testament.pdf).

Gillis, C. (1991), *El Antiguo Testamento: Un comentario sobre su historia y literatura,* Tomos I-V (vol. 1), Casa Bautista De Publicaciones, El Paso, TX.

Gillis, C. (1991), *El Antiguo Testamento: Un comentario sobre su historia y literatura,* Tomos I-V (vol. 1, p. 224), Casa Bautista De Publicaciones, El Paso, TX.

Ginzberg, L., Szold, H., & Radin, P. (2003), *Legends of the Jews* (2ª. ed.), Jewish Publication Society, Philadelphia.

Girón-Negrón, L. M y Minervini, L. (2006), *Las Coplas de Yosef: Entre la Biblia y el Midrash en la Poesía Judeoespañola,* Gredos, Madrid.

Goldingay, J. (2006), *Old Testament Theology: Israel's Faith* II, IVP Academic, Downer's Grove, IL.

Goldingay, J. (2006), *Old Testament Theology: Israel's Gospel* I, IVP Academic, Downer's Grove, IL.

Golka, F. W. (2004), *Genesis 37-50: Joseph Story or Israel-Joseph Story?*: Currents in Biblical Research 2, 153-177.

Gunkel, H. (1994), *The Stories of Genesis*, (Traducido por J. Scullion), Bibal Press, North Richland Hills, TX (Edición original de 1912).

Guttman, M. (1997), *Annual Review of Anthropology* 26 (1997) 385-409.

Hamilton, J. (1990), *The Book of Genesis, Chapters 1-17*, en *The New International Commentary on the Old Testament*, Eerdmans, Grand Rapids, MI.

Hamilton, J. (1995), *The Book of Genesis, Chapters 18-50*, en *The New International Commentary on the Old Testament*, Eerdmans, Grand Rapids, MI.

Hanrahan, F., Field, A. P., Jones, F. W., & Davey, G. C. (2013), *Corrigendum to "A meta-analysis of cognitive therapy for worry in generalized anxiety disorder*: Clinical Psychology Review 33/1; 120-132.

Harrelson, W. (1975), *Patient Love in the Testament of Joseph*, en G. Nicklesburg (ed.), *Studies in the Testament of Joseph*, Scholars Press, Missoula, MN, pp. 29-36.

Hillman, O. (2006), *The upside of adversity*, Regal Books, Ventura, CA.

Hinson, D. F. (1992), *The books of the Old Testament* (vol. 10), SPCK, London.

Hollander, H. W. (1975), *The Ethical Character of the Patriarch Joseph*, en G. Nicklesburg (ed.), *Studies in the Testament of Joseph*, Scholars Press, Missoula, MN, pp. 47-104.

Horsley, R. A. (1998), *The Slave Systems of Classical Antiquity and Their Reluctant Recognition by Modern Scholars*: Semeia 1983/1984, 40-41.

http://is.gd/bhOlPP. *Información sobre el trabajo infantil*, Descargado el 12 de diciembre de 2013.

http://is.gd/INRciP. *Statistical Data on Switzerland*, Descargado el 12 de diciembre de 2013.

http://is.gd/PNN3Jv. *Human Trafficking; The Facts*, Descargado el 12 de diciembre de 2013.

http://www.christianpost.com/news/beloved-pastor-andseminary pro-fessor-commits-suicide-after-being-exposed in-ashley-madison-ha-ck-144920/#RAxS62wKM6V0AQyU.99. Descargado el 30 de Noviembre de 2015.

http://www.pewhispanic.org/files/2013/01/PHC-2011-FB-Stat-Profiles. pdf. *Statistical Portrait of the Foreign-Born Population in the United States, 2011,* Descargado el 12 de diciembre de 2013.

http://www.un.org/esa/population/migration/documents/World_Migration_Figures_UNDESA_OECD.pdf. *World Migration in Figures,* Descargado el 12 de diciembre de 2013.

International Bible Society (1979), *Nueva Versión Internacional,* Sociedad Bíblica Internacional, East Brunswick, NJ.

Isaacson, W. (2011), *Steve Jobs,* Simon & Schuster, New York.

Jaramillo Cárdenas, L. (2012), *¡Ahora entiendo! Hermenéutica bíblica: Diferentes sentidos de las Escrituras,* Zondervan.

Kaltner, J. (2003), *Inquiring of Joseph: Getting to know a biblical character through the Qu'ran, Liturgical Press,* Collegeville, MN.

Karademir, M., & Karademir, A. C. (2015), *Political behavior and Mintzberg's political games: example of organized criminal institutions with Godfather film analysis:* European Scientific Journal 11 (14) 1-22.

Kee, H. C. (1983), *Testaments of the Twelve Patriarchs (Second Century B.C.): A new translation and introduction,* en J. H. Charlesworth (ed.), *The Old Testament Pseudopigrapha* I. *Apocalyptic literature and testaments,* Doubleday, New York, pp. 775-828.

Keller, T. (2009), *Counterfit Gods: The empty promises of money, sex, and power, and the onlyhope that matters,* Dutton, New York.

Keller, T. (2010), *Generous Justice: How God's grace makes us just,* Dutton, New York.

Keller, T. (2011), *The King's Cross: The story of the world in the life of Jesus,* Dutton, New York.

King Feuerman, R. (2015), *What the Bible has to teach us about writing fiction:* Books & Culture: A Christian Review 26 (6) 5.

Kowalik, J., Weller, J., Venter, J., & Drachman, D. (2011), *Cognitive behavioral therapy for the treatment of pediatric posttraumatic stress disorder:*

a review and meta-analysis: Journal of Behavior Therapy and Experimental Psychiatry 42 (3) 405-413.

Kugel, J. L. (1994), *In Potiphar's House: the interpretive life of Biblical texts*, Harvard University Press, Cambridge, MA.

Küng, H. (1980), *Does God Exist? An Answer for Today* (Traducido por Quinn), Wipf & Stock Publishers, Eugene, OR.

Lockman Foundation (1998), *Santa Biblia: La Biblia de las Américas: Con referencias y notas* (Gn 50:17) (ed. electrónica), Editorial Fundación, Casa Editorial para La Fundación Bíblica Lockman, La Habra, CA.

Longacre, R. E. (1989), *Joseph: A Story of Divine Providence*, Eisenbrauns, Winona Lake, IN.

Maier, T. (2003), *The Kennedys: America's emerald kings*, Basic Books, New York.

Martin, S. & Grube, N. (2002), *Crónicas de los reyes y reinas Mayas: La primera historia de las dinastías Mayas*, México DF, Planeta.

Matthews, V. H., & Moyer, J. C. (2012), *The Old Testament: Text and Context*, Baker Academic, Grand Rapids, MI, 3ª Edición.

Matthews, V. H. (1998), *Honor and Shame in Gender-Related Legal Situations in the Hebrew Bible*: Journal For The Study Of The Old Testament Supplement Series, 97-112.

McGoldrick, M. & Shellengerg, S. (1999), *Genograms: Assessment and Intervention*, Norton, New York (2ª Edición).

McGoldrick, M., Garcia Preto, N. A., & Carter, B. A. (2015), *The Expanding Family Life Cycle: Individual, Family, and Social Perspectives*, Pearson.

Metzger, B. M. (1977) (ed.), *The Apocrypha of the Old Testament: Revised Standard Version*, Oxford University Press, New York.

Meyers, C. L. (2005), *Households and holiness: the religious culture of Israelite women*, Fortress Press.

Mureşan, V., Montgomery, G. H., & David, D. (2012), *Emotional outcomes and mechanisms of change in online cognitive-behavioral interventions: A quantitative meta-analysis of clinical controlled studies*: Journal of Technology in Human Services 30 (1) 1-13.

Nasaw, D. (2012), *The Patriarch: The Remarkable life and turbulent times of Joseph P. Kennedy*, The Penguin Press, New York.

Nazario, S. (2006), *La travesía de Enrique*, Random House, New York.

Nickelsburg, G. (1984), *Stories of biblical and early post-biblical times*, en M. E. Stone (ed.), *Jewish writings of the second temple period: Apocrypha, Pseudopigrapha, Qumram sectarian writings, Philo, Josephus*, en Compendia Rerum Iudaicarum ad Novum Testamentum 2:2 (pp. 33-87), Fortress, Philadelphia.

Nickelsburg, G. (ed.) (1975), *Studies on the Testament of Joseph*, Scholars Press, Missoula, MN.

Niclesburg, G. (2005), *Jewish literature between the Bible and the Mishna* (2ª Ed.), Fortress Press, Minneapolis.

Niehoff, M. (1992), *The Figure of Joseph in Post-Biblical Jewish Literature*, E. J. Brill, New York.

Nueva Biblia Latinoamericana de Hoy (2005), The Lockman Foundation, La Habra.

Nueva Traducción Viviente (2009) (Gn 39:1–6), Tyndale House Publishers, Inc, Carol Stream, IL.

Olatunji, B. O., Cisler, J. M., & Deacon, B. J. (2010), *Efficacy of cognitive behavioral therapy for anxiety disorders: a review of meta-analytic findings*: Psychiatric Clinics of North America 33 (3) 557-577.

Osborne, G. R. (2006), *The Hermeneutical Spiral: A comprehensive introduction to Biblical interpretation*, IPV Academic, Downers Grove.

Otto, E. (1998), *False weights in the scales of biblical justice? Different views of women from patriarchal hierarchy to religious equality in the book of Deuteronomy*: Journal For The Study Of The Old Testament Supplement Series, 128-146.

Pagán, S. (1995), *Palabra Viva: Entorno histórico, literario y teológico del Antiguo Testamento*, Editorial Caribe, Nashville, TN.

Parikh, M. (2014), *To join family business or not: Teaching Script and Intrinsic Motivation through the Godfather trilogy*: The International Journal of Management Education 12 (3), 539-549.

Patterson, O. (1982), *Slavery and Social Death: A Comparative Study*, Harvard University Press, Cambridge, MA.

Pervo, R. I. (1975), *The Testament of Joseph and Greek Romance*, en G. Nicklesburg (ed.), *Studies in the Testament of Joseph*, Scholars Press, Missoula, MN (pp. 15-28).

Pink, A. W. (1922), *Gleanings in Genesis* I-II, Our Hope, New York.

Pinto, K. M., & Coltrane, S. (2013), *Understanding structure and culture in the division of household labor for Mexican immigrant families*, en *Gender Roles in Immigrant Families*, Springer, New York (pp. 43-62).

Pirke Avot Hamercaz (sin fecha), Centro Educativo Sefardita de Jerusalén (eds.).

Pirson, R. (2002), *The Lord of the Dreams*, Sheffield Academic Press, New York.

Pritchard, J. B. (ed.) (1958), *The Ancient Near East: An anthology of texts and pictures*, Princeton University Press, Princeton (p. 23).

Pritchard, J. B. (ed.) (1969), *The Ancient Near Eastern Texts Relating to the Old Testament*, Princeton University Press, Princeton (3ª edición con suplemento, p. 543).

Puello Scarpati, M., Silva Pertuz, M., & Silva Silva, A. (2014), *Límites, reglas, comunicación en familia monoparental con hijos adolescentes*: Diversitas: Perspectivas en Psicología 10 (2) 225-246.

Raccah, W. (2015), *Sociology and the Old Testament*, en J. D. Barry, D. Bomar, D. R. Brown, R. Klippenstein, D. Mangum, C. Sinclair Wolcott, W. Widder (eds.), *The Lexham Bible Dictionary*, Lexham Press, Bellingham, WA.

Real Academia Española (2003), *Diccionario de la lengua española*, Vigésima segunda edición (Versión 1.0) [Edición electrónica], Espasa Calpe, Madrid.

Reina-Valera Actualizada (1995), Baptist Spanish Publishing House, El Paso.

Reina-Valera Revisada (1960), Baptist Spanish Publishing House, El Paso.

Reyburn, W. D., & Fry, E. M. (1998), *A handbook on Genesis*, United Bible Societies, New York.

Richardson, M. E. J. (2004), *Hammurabi's laws: text, translation, and glossary*, T&T Clark, London-New York (p. 91).

Rieber, R. W., & Kelly, R. J. (2014), *Media and Film Influences on Popular Culture*, en *Film, Television and the Psychology of the Social Dream*, Springer, New York (pp. 143-163).

Rutledge, T., Redwine, L. S., Linke, S. E., & Mills, P. J. (2013), *A meta-analysis of mental health treatments and cardiac rehabilitation for improving clinical outcomes and depression among patients with coronary heart disease*: Psychosomatic medicine 75 (4), 335-349.

Ryken, L. (1974), *The literature of the Bible*, Zondervan, Grand Rapids, MI.

Ryken, L., Wilhoit, J., Longman, T., Duriez, C., Penney, D., & Reid, D. G. (2000a), *Dictionary of biblical imagery*, InterVarsity Press, Downers Grove, IL (edición electrónica) (151).

Ryken, L., Wilhoit, J., Longman, T., Duriez, C., Penney, D., & Reid, D. G. (2000b), *Dictionary of Biblical Imagery*, InterVarsity Press, Downers Grove, IL (edición electrónica) (809).

Safrai, S. (ed.) (1987), *The Literature of the Sages* I. *Oral Tora, Halakha, Mishna, Tosefta, Talmud, external tractates*, Fortress Press, Philadelphia.

Safrai, S., Safrai, Z, Schwartz, J. & Thomson, P. (eds.) (2007), *The Literature of the Sages* II. *Midrash & Targum, liturgy, poetry, mysticism, contracts, inscriptions, ancient science and the languages of rabbinic literature*, Frotress Press, Philadelphia.

Saggs, H. W. E., (1988), *The Babylonians: A survey of the ancient civilization of the Tigris–Euphrates Valley*, The Folio Society, London.

Santopietro, T. (2012), *The Godfather Effect: Changing Hollywood, America, and Me*, Macmillan, New York.

Sarna, N. M. (1989), *Genesis: the traditional Hebrew text with new JPS translation/commentary*, Jewish Publication Society, Philadelphia.

Scanlin (1993), *The Dead Sea Scrolls: Modern Translations of the Old Testament*, Tyndale, Wheaton, IL.

Schniedewind, W. M. (2004), *How the Bible became a book*, Cambridge University Press, New York.

Schökel, L. A. (2006²), *La Biblia de Nuestro Pueblo* (Biblia del peregrino América Latina), Ediciones Mensajero, Bilbao.

Segal, M. H. (1961), *The Religion of Israel before Sinai*: The Jewish Quarterly Review, 41-68.

Silberman, A. M. & Rosenmbaum, M. (Traductores) (1985), *Family*, en *Chumash with Targum Onkelos, Haphtaroth and Rashi's Commentary, Bereshith*, Silberman, Jerusalem.

Slingerland, H. D. (1977), *The Testaments of the Twelve Patriarchs: A Critical History of Research* (Society of Biblical Literature Mongraph Series, Vol. 21), Scholars Press, Missoula, MN.

Smith, J. Z. (1985), *Prayer of Joseph: A new translation and introduction*, en *The Old Testament Pseudopigrapha, Vol. 2: Expansions of the Old Testament and legends, wisdom and philosophical literature, prayers, psalms and odes, fragments of lost Judeo-Hellenistic works*, Doubleday, New York (pp. 699-714).

Smith, R. T. (1996), *The Matrifocal Family: Power, Pluralism and Politics*, Routledge, New York.

Spence-Jones, H. D. M. (ed.) (2004), *The Pulpit Commentary: Genesis* (263), Logos Research Systems, Inc, Bellingham, WA.

Stavans, I. (1995), *The Hispanic condition: Reflections on culture an identity in America*, HarperPerennial, New York.

Steck O. H. (1998²), *Old Testament Exegesis: A guide to the methodology* (vol. 39) (Society of Biblical Literature), Scholar's Press, Atlanta, GA.

Stone, M. E. (ed.) (1984), *Jewish writings of the second temple period: Apocrypha, Pseudopigrapha, Qumram sectarian writings, Philo, Josephus*: Compendia Rerum Iudaicarum ad Novum Testamentum, 2:2, Fortress, Philadelphia.

Strickman, H. N. & Silver, A. M. (1988), *Ibn Ezra's commentary on the Pentateuch: Genesis (Bereshit)*, Menorah Publishing Company, New York.

Stuart, D. (2002), *Word Biblical Commentary: Hosea-Jonah* (vol. 31) (Word Biblical Commentary), Word Incorporated, Dallas.

Swanson, J. (1997), *Dictionary of Biblical Languages with Semantic Domains: Hebrew (Old Testament)* (edición electrónica), Logos Research Systems, Inc., Oak Harbor.

Swindoll, C. (1998), *Joseph: A man of integrity and forgiveness*, Intervarsity Press, Downers Grove, IL.

The Ancient Near East: an anthology of texts and pictures, J. B. Pritchard (ed.) (1958) (23), Princeton University Press, Princeton.

Traunecker, C. (2001), *Gods of Egypt* (Traducido por D. Lorton, *Les Dieux de L'Egypte*), Cornell University Press, London.

Traunecker, C. (2001), *The gods of Egypt*, Cornell University Press, London.

Trever, J. (1965), *The Untold Story of Qumram*, Revell, Westood, NJ.

Uslar Pietri, A. (1986), *Medio Milenio de Venezuela*, Editorial Ávila Latinoamericana, Caracas.

Von Rad, G. (1956), *Genesis: A Commentary*, Westminster Press, Philadelphia (edición revisada).

Von Rad, G. (1975/1982), *Estudios sobre el Antiguo Testamento* (Traducido de: *Gesammelte Studien zum Alten-Testament* I-II, 1971), Ediciones Sígueme, Salamanca.

Wallace, R. S. (2001), *The story of Joseph and the family of Jacob*, Eerdmans, Grand Rapids, MI.

Waltke, B. K. (2001), *Genesis: A Commentary*, Zondervan, Grand Rapids, MI.

Walton, J. H. (2001), *Genesis* (The NIV Application Commentary), Zondervan, Grand Rapids, MI.

Walton, J. H. (2009), *The lost World of Genesis One: Ancient cosmology and the origins debate*, Intervarsity Press, Downer's Grove, IL.

Water, M. (2000), *The Book of Genesis Made Easy*, John Hunt Publishers Ltd., Alresford, Hampshire, p. 62.

Watterson, B. (2013), *Gods of ancient Egypt*, The History Press.

Wenham, G. J. (2002a), *Word Biblical Commentary: Genesis 1-15* (vol. 1), Word, Dallas, TX, en Logos Research Systems, Inc. (edición electrónica), Logos Research Systems, Oak Harbor, WA.

Wenham, G. J. (2002b), *Word Biblical Commentary: Genesis 16-50* (vol. 2), Word, Dallas, TX, en Logos Research Systems, Inc. (edición electrónica), Logos Research Systems, Oak Harbor, WA.

Westbrook, R. (1998), *The Female Slave*: Journal For The Study Of The Old Testament Supplement Series, 214-238.

Westerman, C. (1982/1986), *Genesis 37-50: A Commentary* (traducido por J. Scullion), Augsburg, Minneapolis, MN.

Westermann, C. (1974/1994), *Genesis 1-11: A Commentary* (traducido por J. Scullion), Augsburg, Minneapolis, MN.

Westermann, C. (1981/1995), *Genesis 12-36: A Commentary* (traducido por J. Scullion), Augsburg, Minneapolis, MN.

Westermann, C. (1987), *Genesis: A Practical Commentary* (traducido por D. Green), Eerdmans, Grand Rapids, MI (original de 1986).

Westermann, C. (1992), *Genesis: An Introduction* (traducido por J. Scullion), Fortress Press, Minneapolis, MN.

Westermann, C. (1995), *A Continental Commentary: Genesis 12–36*, Fortress Press, Minneapolis, MN.

Westermann, C. (1996), *Joseph: Eleven Bible Studies on Genesis*, (traducido por O. Kaste), Fortress Press, Minneapolis, MN.

Whiston, W. (1978), *Josephus: Complete works* (traducido por W. Whiston), Kregel Publications, Grand Rapids, MI (original de 1867).

Wills, L. M. (1998), *The Depiction of Slavery in the Ancient Novel*: Semeia 1983/1984, 115.

Wilson, L. (2006), *Joseph, wise and otherwise: The intersection of wisdom and covenant in Genesis 37-50*, Wipf & Stock, Eugene, OR (edición original, Paternoster 2004).

Zervos, G. T. (1985), *History of Joseph*, en J. H. Charlesworth (ed.), *The Old Testament Pseudopigrapha* II. *Expansions of the Old Testament and legends, wisdom and philosophical literature, prayers, psalms and odes, fragments of lost Judeo-Hellenistic works*, Doubleday, New York, 467-475.

Zlotowtiz, R' M. & Sherman, R' M. (1995[2]), *Bereshis/Genesis: New Translation with Commentary* (vols. Ia-Ib) (Anthologized from Talmudic, Midrhasic and Rabbinic Sources), Mesorah Publications, Ltd Brooklyn, NY (edición original de los 6 vols. de 1977).

www.ingramcontent.com/pod-product-compliance
Lightning Source LLC
Chambersburg PA
CBHW070839300326
41935CB00038B/1147